人才柔性共享

——理论与实践——

何琪◎著

上海社会科学院出版社
SHANGHAI ACADEMY OF SOCIAL SCIENCES PRESS

目　　录

第一章　人才柔性共享：新时代人才发展的创新路径

千秋基业，人才为本。当今世界，综合国力竞争日趋激烈，新一轮科技革命和产业变革蓬勃兴起，国家和地区之间的竞争方式已从自然资源、经济资源的比拼转化为人才资源的竞争，人才在综合国力竞争中的作用越发凸显。习近平总书记在欧美同学会成立100周年庆祝大会的讲话中指出："综合国力竞争说到底是人才竞争。人才资源作为经济社会发展第一资源的特征和作用更加明显，人才竞争已经成为综合国力竞争的核心。谁能培养和吸引更多优秀人才，谁就能在竞争中占据优势。"①

我国正处在全面建设社会主义现代化国家的关键时期，国际科技竞争态势越发激烈。一些国家为遏制我国发展，动辄采取制裁、"脱钩断链"等极端手段，致使我们在关键核心技术上面临"卡脖子"困境。要突破这一瓶颈、提升国家创新能力，离不开大量高素质创新型人才的有力支撑。技术被"卡脖子"，根源出在人才上。当下，我们比历史上任何时期都更接近实现中华民族伟大复兴的宏伟目标，也比历史上任何时期都更加渴求人才。

党的十八大以来，面对世界百年未有之大变局，党中央统筹中华民族伟大复兴战略全局，把人才工作摆在治国理政大局的关键位置，强调坚持教育优先发展、科技自立自强、人才引领驱动。中央人才工作会议强调，要"深入实施新时代人才强国战略，全方位培养、引进、用好人才，加快建设世界重要人才中心

---

① 习近平．在欧美同学会成立100周年庆祝大会上的讲话[N]．人民日报，2013－10－22(2)．

和创新高地，为2035年基本实现社会主义现代化提供人才支撑，为2050年全面建成社会主义现代化强国打好人才基础”。党的二十大报告更是前所未有地设专章将教育、科技、人才作为党代会报告的一大基本问题加以专门论述，提出“科技是第一生产力、人才是第一资源、创新是第一动力”的重要论断，并将教育、科技、人才“三位一体”视为全面建设社会主义现代化国家的基础性、战略性支撑，其中，人才是“三位一体”的核心和关键，对科技创新发展起着支撑和引领作用。党的二十届三中全会进一步强调，“教育、科技、人才是中国式现代化的基础性、战略性支撑”。

随着人才队伍快速壮大，人才效能持续提升，人才优势稳步增强，也出现了人才数量增长快而质量提升慢、人才投入力度与原创性成果产出效益不匹配、区域间人才发展和分布不平衡、世界级科技大师缺乏、领军人才和拔尖人才不足等问题。针对人才分布不平衡等突出矛盾，关键是要改革、完善和创新人才发展机制和人才流动机制，打破户籍、身份、学历、人事关系的制约，建立更为灵活的人才管理机制，实行更加开放的人才政策，不唯地域引进人才，不求所有开发人才，不拘一格用好人才，促进城乡、区域、行业和不同所有制之间人才的协同发展。

人才柔性共享，是指采用“关系不转、身份不变、户口不迁”的人才流动模式，突破工作地、工作单位和工作方式的限制，达到“不求所有、不求所在、但求所用、来去自由”的人才使用效果。它是对人才的单位所有制、地区所有制、国家所有制的一种变通，从更广阔的角度、更高效的方式配置人才资源，实现了人才与生产要素、工作岗位的最佳结合，做到人尽其才、才尽其用。同时坚持对人才“不求所有、但求所用”的原则盘活现有人才，是新时代人才引用的新路径和新方式。

第一节　人才引领发展：新时代的战略使命

创新之道，唯在得人。进入新时代，以人才发展引领经济社会高质量发展，成为党在新时期执政兴国的重大方略，实施人才强国战略的指导思想，实现中华民族伟大复兴的重要推手。这一战略不仅彰显了人才在国家发展中的核心地位，也为全面建设社会主义现代化国家提供了坚实支撑。

一、人才驱动：高质量发展的核心引擎

当前，我国进入了全面建设社会主义现代化国家、向第二个百年奋斗目标进军的新征程，经济发展正处于由高速增长向高质量发展转变的关键时期。过去由自然资源、劳动力等要素驱动和投资驱动的发展要向创新驱动的高质量发展转变。劳动生产力是随着科学和技术的不断进步而不断发展的。[①] 当一个国家或地区的经济社会发展到一定阶段，传统的人口红利和资源红利逐渐减弱，往往会面临发展瓶颈。要突破发展瓶颈，解决深层次矛盾和问题，根本出路在于创新。如何把科技创新这个“关键变量”转变为高质量发展的“最大”增量，关键在于实现创新链、产业链、资金链和人才链的深度融合与协同发展。其中，人才链是核心引擎，是驱动创新链、产业链和资金链高效运转的关键主体。只有充分发挥人才链的引领作用，才能实现科技创新的突破性进展，并将其转化为高质量发展的实际成效。

实现高质量发展，人才是关键。我国改革开放40多年来经济社会发展取得的伟大成就，离不开人才资源的贡献。尤其是随着新一轮科技革命和产业变革向纵深发展，产业结构将加速向中高端跃迁，推动产品技术含量与精细化水平系统性提升，人力资本和人才资源成为强化创新驱动、抢占未来发展制高点的根本支撑。“人才是引领发展原动力”的认识逐渐深化，人才理念从“支撑发展”升级为“引领发展”。

在实践中，高精尖人才已经成为国家竞争胜负的关键，人才引领发展的战略地位得到充分体现。2025年春节前后，DeepSeek（深度求索）向世界开源了DeepSeek－R1大模型，犹如一颗“核弹”在全球AI界引爆，其技术突破不仅展示了我国在人工智能领域的创新能力，也让美国在GPU（图形处理器）技术上的围堵策略大打折扣。这充分展现了人才引领发展的强大动能，凸显了高精尖人才在科技创新中的核心作用。

---

① 中共中央马克思恩格斯列宁斯大林著作编译局. 马克思恩格斯文集（第五卷）[M]. 北京：人民出版社，2009：698.

DeepSeek 的成功，是浙江省践行人才引领发展战略的生动体现。作为我国创新驱动发展的先行区，浙江通过优化人才发展环境、完善人才激励机制，形成了独特的人才聚集效应，为科技创新和产业升级提供了坚实支撑。尤其是杭州在吸引人才和培育创新企业方面具有显著优势，其人工智能相关人才密度已接近甚至在部分领域超越传统一线城市水平。根据脉脉人才智库发布的《人工智能顶尖人才数据图鉴 2022》，北京 AI 人才排名第一，占全国的 24%，杭州排名第二，占 16.53%。[①] 浙江大学每年毕业的数千名硕博生中，超过一半选择留在杭州创业或就业。这种高密度的人才聚集形成了独特的"技术原浆"效应：当科技企业需要开发脑电信号处理算法时，能够在 24 小时内迅速组建一支由浙大教授牵头、在读博士参与的攻关团队。[②] 正是得益于高人才密度，不管是开发硬件的宇树科技，还是开发软件算法的 DeepSeek 才有快速实现技术突破的可能。

构建全球人才资源整合体系，争夺优秀人才为我所用，已成为企业获得成功的关键制胜法宝，这一理念已达成广泛共识。以京东方为例，在其技术创新体系中，设有一个名为技术寻缘体系的独特机制。公司每年投入专项经费组建基金，在全球范围内探寻当下及未来的显示技术、材料技术等前沿领域。目前，京东方已在美国、日本、韩国等地建立研发中心，在美国硅谷、波士顿、圣迭戈和休斯敦等地设立寻缘中心。[③]

正是基于对人才重要性的深刻认识，我国在人才发展战略上不断深化与升级。2010 年，全国人才工作会议确立了人才优先发展的战略布局，标志着人才工作被提升到国家战略高度。2018 年 5 月，习近平总书记在中国科学院第十九次院士大会和中国工程院第十四次院士大会上明确提出，"牢固确立人才引领发展的战略地位，全面聚集人才，着力夯实创新发展人才基础。功以才成，业由才广。世上一切事物中人是最可宝贵的，一切创新成果都是人做出来

① 钱童心. 从阿里巴巴到 DeepSeek：政府有所不为，企业大有作为[N]. 第一财经日报，2025-02-20(A10).

② 何冬健. "创新浙江加速度"系列观察②教科人一体化，破题关键何在[N]. 浙江日报，2025-02-13(1).

③ 宋志平. 共享机制[M]. 北京：机械工业出版社，2023：236.

的。硬实力、软实力，归根到底要靠人才实力。全部科技史都证明，谁拥有了一流创新人才、拥有了一流科学家，谁就能在科技创新中占据优势。”[①]这是我国首次明确提出“人才引领发展”的理念。这一理念的提出，不仅为人才工作指明了方向，也为我国在全球科技竞争中抢占先机提供了根本遵循。

随着全球科技竞争的加剧，人才引领发展的战略地位进一步凸显。2018年7月召开的全国组织工作会议进一步强调，“当前，全球范围内新一轮科技革命和产业变革蓬勃兴起，世界各国都在抢抓机遇，国际人才争夺日趋白热化。我们必须加快实施人才强国战略，确立人才引领发展的战略地位”。2021年9月，中央人才工作会议再次强调坚持人才引领发展的战略地位，“这是做好人才工作的重大战略。人才是创新的第一资源，人才资源是我国在激烈的国际竞争中的重要力量和显著优势。创新驱动本质上是人才驱动，立足新发展阶段、贯彻新发展理念、构建新发展格局、推动高质量发展，必须把人才资源开发放在最优先位置，大力建设战略人才力量，着力夯实创新发展人才基础”。从“优先”到“引领”的演进，体现了人才战略在定位、功能和机制上的深化，实现了人才工作定位的历史性跨越。“优先”强调的是人才队伍建设的顺序，而“引领”则突出了人才在经济社会发展全局中的核心作用。这一转变不仅彰显了人才在国家发展中的战略地位，也为我国在新一轮全球科技竞争中占据主动提供了理论支撑。

二、历史镜鉴：世界人才中心与科学中心的共生关系

从历史视野来看，世界科技发展史清晰地表明，谁拥有一流创新人才和一流科学家，谁就能在科技创新中抢占先机。在人类历史进程中，科技人才总是向发展势头好、文明程度高、创新氛围活跃的区域集聚。世界上任何一个人才中心和创新高地的崛起，都是大量高端创新人才汇聚的结果。而这些人才中心和创新高地又进一步推动了全球科技的进步与变革，世界人才中心与科学中心建设相辅相成，犹如一体两面。

① 习近平. 在中国科学院第十九次院士大会、中国工程院第十四次院士大会上的讲话（二〇一八年五月二十八日）[M]//论科技自立自强. 北京：中央文献出版社，2023：206.

20 世纪中期，英国学者贝尔纳最早指出科学中心存在转移的现象。之后，日本学者汤浅光朝受其启发，基于定量研究揭示了世界科学中心的历史转移过程，被称为“汤浅现象”，即一个国家的重大科学成就在一定时期超过全世界科学成果总数的 1/4，该国就成为这一时期的世界科学中心。近代科学兴起的 400 多年里，世界科学中心有过五次大的转移，分别是意大利、英国、法国、德国和美国。① 从 16 世纪意大利文艺复兴点燃近代科学火种，到 20 世纪美国依托创新生态稳居全球科技巅峰，每一次科学中心的形成都伴随着人才的汇聚、教育体系的革新和科技成果的密集涌现。

（一）阶段一：16 世纪的人才中心

16 世纪的世界人才中心主要集中在意大利。意大利是欧洲文艺复兴运动的发源地。14—15 世纪资本主义工商业的发展催生了资本主义的萌芽，并由此诞生新兴的资产阶级。新兴的资产阶级为了维护其经济和政治利益，需要打破教会的意识形态统治，发展新兴的资本主义文化。由此，一场旨在复兴古希腊和古罗马文化的思想解放运动应运而生。文艺复兴是以人文主义为核心的思想解放运动，主张摆脱中世纪教会对人性的压抑，强调人的尊严、理性与现世价值。② 这场运动虽以复兴古典文化为名，实则通过重新解读古希腊和古罗马遗产，为新兴资产阶级构建了关注现实生活、追求个性解放的新文化体系。它推动艺术与科学从附庸神学转向独立探索，不仅打破了教会对知识的垄断，更催生了现代学术研究方法，为宗教改革和近代科学革命奠定了思想基础。

作为文艺复兴发源地的意大利，在这一时期涌现出了一大批闻名世界的思想家、艺术家和科学家，如“美术三杰”拉斐尔、米开朗琪罗、达・芬奇，科学家哥白尼、伽利略，文学家但丁、薄伽丘，全部诞生在这一时期的意大利，使得文艺复兴时期的意大利在艺术、科学与思想领域取得了深远的历史成就。在艺术领域，艺术家们以人文主义精神重塑了古典传统，例如达・芬奇通过解剖

① 中国人才研究会，中国人事科学研究院. 中国人才研究（第六辑）[M]. 北京：知识产权出版社，2024：100.

② 杨春苑，李春荣. 论西方人文主义[J]. 西安电子科技大学学报（社会科学版），2011，21(2)：85 - 89.

学研究提升了绘画人体结构的准确性；米开朗琪罗创作大理石雕塑《大卫》，展现了人体解剖学的精确性；布鲁内莱斯基设计并建造佛罗伦萨圣母百花大教堂穹顶，解决了大型穹顶建筑的技术难题。在文学领域，但丁创作的《神曲》冲击了教会的精神统治，推动托斯卡纳方言成为现代意大利语的基础；[①]马基雅维利撰写的《君主论》系统阐述了现实主义政治理论。在经济与科学领域，威尼斯与佛罗伦萨的商贸活动发展出早期银行体系与复式记账法；[②]伽利略在帕多瓦大学进行天体观测与物理实验，为经典力学奠定了基础。[③] 这些成就共同构建了欧洲从神权社会向世俗文明转型的基石，也推动着意大利成为世界经济中心和科技文化中心。

（二）阶段二：17 世纪的人才中心

17 世纪的世界人才中心主要集中在英国。17 世纪 40 年代，英国确立了资本主义制度，并于 1689 年通过《权利法案》，正式确立了以资产阶级代议制为核心的君主立宪制。自此，英国从经济和政治层面都确立了在当时较为先进的资本主义制度，而这也极大地推动了英国资本主义经济的发展。与此同时，英国还积极参与对外扩张与殖民运动，通过东印度公司和三角贸易积累了巨额财富，使 17 世纪的英国成为欧洲最富有的国家之一。随着封建体制的解体和资产阶级自由化方针的确立，英国采取了宗教宽容政策，而恰逢彼时欧洲大陆爆发了宗教战争，不少宗教人士受到迫害。这使得许多欧洲新教徒学者迁入英国，为英国带来了许多新技术、新工艺和新发明，如荷兰光学家惠更斯与法国哲学家笛卡尔也在这一时期迁移到了英国。

另外，在弗朗西斯·培根的科学思想的影响下，英国形成了热爱科学、尊重科学、注重科学的社会氛围。1660 年，英国政府批准成立皇家学会，标志着实验科学研究的国家化。[④] 牛顿、波义耳、哈维等学者都在此框架下展开研究，

---

① 周施廷. 但丁的政治价值与文化价值——薄伽丘《但丁传》略论[J]. 历史教学(下半月刊)，2012(4)：32－37.

② 陈勇. 重回金币时代：佛罗伦萨佛罗琳金币的铸造与传播[J]. 史林，2023(3)：1－15.

③ 黄涛，孔德斯，樊艳萍. 16 世纪的意大利：近代科学缘何从这里兴起[J]. 中国人才，2024(3)：79－81.

④ 姚远. 近代英国学术期刊体制及学术奖励的发端[J]. 经济社会史评论，2015(3)：75－85＋127.

并取得了丰硕的研究成果。① 在这一时期，牛顿提出了万有引力定律与微积分理论，完成《自然哲学的数学原理》，构建起经典力学体系；波义耳发现了气体压力与体积关系的定量规律；哈维通过解剖实验证实血液循环理论；②布鲁诺使人类对天体和宇宙有了新的认识；霍布斯在《利维坦》中提出社会契约论，洛克于《政府论》中论证权力分立原则；弥尔顿的《失乐园》拓展了英语文学的表现力。在这一时期，英国聚集了大量优秀人才，有效地推动了科技、经济等领域的快速发展。这种政治、科学与经济的系统性创新，最终使英国取代意大利成为新的世界人才中心，并为18世纪工业革命及全球霸权体系的确立提供了制度、技术与资本的三重支撑。

（三）阶段三：18世纪的世界人才中心

18世纪的世界人才中心主要在法国。18世纪初，法国的封建经济体制逐渐解体，而资本主义得到发展，资产阶级的力量迅速崛起。在西欧资本主义的迅猛发展和英国资产阶级革命的影响下，人们要求摆脱专制统治和天主教会压迫的愿望日益强烈，首先在思想领域展开了反对专制统治和天主教会思想束缚的斗争。在此背景下，一场反封建、反教会的思想文化运动兴起，欧洲也迎来继文艺复兴之后的第二次思想解放运动——启蒙运动。③ 启蒙运动的核心主题围绕自由、平等与进步展开，这一时期的法国成了启蒙运动的中心。在这场运动中，以理性主义为核心的思想浪潮席卷欧洲，哲学家们不再满足于文艺复兴时期对古典文化的复兴，转而以批判精神审视一切传统权威，主张用自然法则重构社会秩序。④

在思想文化领域，涌现了伏尔泰、孟德斯鸠、卢梭、狄德罗等一批思想巨人。伏尔泰以《哲学通信》抨击教会特权与司法黑暗，呼吁宗教宽容与言论自由；孟德斯鸠在《论法的精神》中提出三权分立理论，为现代宪政体制奠基；卢梭的《社会契约论》将主权在民思想推向高潮，直接催生了法国大革命的纲领。

---

① 王战军，蔺跟荣．世界一流大学高地形成的时空逻辑与经验启示[J]．大学教育科学，2022(1)：4－11．
② 黄涛，金茹静，樊艳萍．17世纪的英国：涌现科学群星[J]．中国人才，2024(5)：81－83．
③ 王绍超．世界科学中心转移的历史变迁及启示[J]．中国人才，2025(1)：83－85．
④ 徐鹤森．18世纪法国启蒙运动在欧洲各国的影响[J]．江西社会科学，2004，24(2)：132－134．

在科学技术领域，拉瓦锡通过精密实验推翻燃素说并确立质量守恒定律，奠定了现代化学的基础；拉普拉斯用数学解析天体运动提出星云假说，构建天体力学体系；拉格朗日使数学分析与几何及力学脱离开来，进一步明确了数学的独立性；法兰西科学院主导的度量衡改革确立了国际单位制标准，巴黎综合理工学院培养出大批工程师，这种科学研究与实用技术结合的体系，使法国在精密仪器制造与工业标准化领域领先欧洲。[①] 这些思想解放、科学革命与制度创新的成就，共同构建了现代政治哲学与实证科学体系的基石，使法国成为 18 世纪欧洲思想启蒙的中心，并为现代民主制度与科技文明的全球扩展奠定基础，最终推动巴黎成为新的世界人才枢纽。

（四）阶段四：19 世纪的世界人才中心

19 世纪的世界人才中心主要在德国。19 世纪初，德国还处在分裂之中，尚未形成统一的中央政权。1871 年，普鲁士通过三次王朝战争统一德意志各邦，建立中央集权的帝国体制，结束长期分裂，为工业化提供稳定政治环境。经过全面的改革，德国在短时间内迅速崛起。在经济方面，第二次工业革命的兴起使得社会生产力得到飞速发展，推动人类进入“电气时代”。

在这一时期，德国作为第二次工业革命的发源地之一，涌现出一大批革命性的发明。[②] 1866 年，德国人西门子制成了发电机；19 世纪 80 年代德国人卡尔·本茨等人成功地制造出由内燃机驱动的汽车，远洋轮船、飞机等也得到了迅速发展。这些技术革新重构了全球工业体系，使德国成为电气化的领导者，并为现代大规模生产与全球化贸易奠定基础。[③] 在文化方面，受宗教改革和启蒙运动的影响，德国政府认识到科研和教育的重要性，开始着手进行教育改革并建立现代化科研体系。19 世纪初，德国创办柏林大学，确定了“教学与研究相统一”的办学原则，开创了现代大学的先河，[④]并以此为模板改造旧大学、创

---

① 王绍超. 18 世纪的法国：迎来法兰西科学时代[J]. 中国人才，2024(7)：79-81.

② 李富森. 论德国第二次工业革命的成就与特点[J]. 临沂大学学报，2012(3)：27-31.

③ 樊继达. 创新适应新发展阶段要求：时代意蕴与应对之策[J]. 人民论坛·学术前沿，2021(13)：60-67.

④ 贺国庆，何振海. 从西方大学改革二百年历程中获得的启示[J]. 教育研究，2007，28(12)：42-46.

设新大学，推动哥廷根、海德堡等大学转型为现代研究机构，设立实验室与专题研究所，吸引全球学者。① 此外，德国政府还非常注重专利保护与创新激励。1877 年，德国政府颁布《专利法》保障发明权益，并通过政府资助的形式，推动科研成果向工业技术转化。②

良好的社会环境和完善的科研教育体制，使得这一时期的德国涌现出了赫尔姆霍兹、爱因斯坦、普朗克、高斯、霍夫曼等一大批著名的科学家和哲学家，成为世界人才中心。在这一时期，马克斯·普朗克提出量子理论，实现了物理学基础的革新；罗伯特·科赫发现结核杆菌，促进了现代医学的建立；卡尔·蔡司研发出复消色差显微镜，提升了光学仪器精度。③ 这些成就使德国在化学、电气与机械工程领域占据全球主导地位，最终推动其成为新的世界人才中心。

（五）阶段五：20 世纪以来的世界人才中心

20 世纪以来的世界人才中心主要在美国。在经历了两次世界大战，特别是第二次世界大战之后，欧洲的英国、法国等老牌资本主义强国纷纷走向衰落，而美国通过军需供应积累了巨额资本，一跃成为世界上综合国力最强的国家，并在战后主导建立了布雷顿森林体系，成为全球经济核心。④ 与此同时，第三次科技革命的兴起，使得人类在科技领域实现了新的飞跃。作为第三次科技革命发源地之一的美国，在原子能技术、航天技术、电子计算机技术等领域都取得了革命性的突破，产生了许多标志性的成果，例如曼哈顿计划研制出原子弹并建成首座核电站，阿波罗 11 号实现了人类的首次登月，ENIAC 和英特尔微处理器分别开启了计算机硬件迭代革命，互联网雏形 ARPANET 奠定了数字全球化基础。⑤

---

① 张俊宗. 德国高等教育改革与建立现代大学制度的探索[J]. 天水师范学院学报，2003，23(3)：72－77.

② 徐兰，徐婷. 德国技术转移体系对我国的启示[J]. 中国高校科技，2017(4)：51－53.

③ 王绍超，李林松. 19 世纪的德国：变革背景下科技的蓬勃兴起[J]. 中国人才，2024(9)：81－83.

④ 李黎明. 布雷顿森林体系视角下美苏经济合作解体与美元霸权化[J]. 外国问题研究，2024(2)：119－131.

⑤ 孙波. 大科学时代的美国科技体制变化[J]. 信息通信，2012(2)：274－275.

第三次科技革命的浪潮进一步巩固了美国的世界霸主地位，也促使美国建立更加完善的科技发展体制机制和打造更加高端的科研平台。20世纪50年代起，美国政府将科研投入提升至GDP的3%，并于1950年通过了《国家科学基金会法案》，统筹全国技术研发。① 冷战时期的太空竞赛催生了阿波罗计划，推动计算机、半导体和材料科学的突破。硅谷依托斯坦福大学工业园，开创了全新的产学研创新生态模式。② 风险资本与初创企业相结合，重塑了全球的创新规则。晶体管、集成电路和互联网的发明，则彻底改变了信息传递方式。这一时期的美国建立起众多的科研机构、科研中心、世界一流的实验室，并制造现代化的实验设备等，汇聚了费米、冯·诺伊曼等杰出科学家，集聚了全球近70%的诺贝尔奖获得者、近50%的高被引科学家。③ 产生了贝尔、爱迪生、肖克利等一大批顶尖发明家，产出占同期世界总数60%以上的科学成果。④ 爱因斯坦提出了狭义与广义相对论，重塑时空观与引力理论；费米领导建成首个可控核反应堆，开启原子能时代；詹姆斯·弗兰克提出分子碰撞理论，奠定量子化学基础；冯·诺伊曼提出冯·诺伊曼体系结构，为计算机硬件设计奠定基石。

表1-1　世界科学中心的代表性人才和科技成果

国家	时　间	代表性人才	代表性科技成果
意大利	16世纪	哥白尼、伽利略、达·芬奇、布鲁诺等	"日心说"、力学、实验物理、光学、天文望远镜等
英国	17世纪	牛顿、波义耳、哈雷等	力学三大定律、万有引力定律、微积分、气体热力学、改良蒸汽机等
法国	18世纪	拉格朗日、拉普拉斯、拉瓦锡、安培等	波动方程、热力学理论基础、分析概率论、进化学说、天体力学、安培定律等

① 张瑾.20世纪下半叶美国科技人才发展状况及启示[J].史学集刊，2023(2)：129-140.

② 王海军，金姝彤，束超慧，等.为什么硅谷能够持续产生颠覆性创新？——基于企业创新生态系统视角的分析[J].科学学研究，2021，39(12)：2267-2280.

③ 何丽君.中国建设世界重要人才中心和创新高地的路径选择[J].上海交通大学学报(哲学社会科学版)，2022，30(4)：33-42.

④ 谢晨.美国汇聚全球人才的路径[N].中国教育报，2023-07-20(7).

续　表

国家	时　间	代表性人才	代表性科技成果
德国	19 世纪	爱因斯坦、高斯、霍夫曼、普朗克、赫尔姆霍兹等	有机化学、量子力学、提出相对论、发现 X 射线、合成尿素、发明内燃机汽车等
美国	20 世纪	贝尔、爱因斯坦、费米、冯・诺伊曼、爱迪生等	雷达、核武器、互联网、晶体管、超导、红宝石激光器、通用微处理器等

资料来源：根据申漳. 简明科学技术史话[M]. 北京：中国青年出版社，1981. 等资料编制。

从世界科学中心与人才中心的转移历程中，可以清晰地看到，科技创新与人才集聚之间存在着密不可分的共生关系。任何一个国家或地区要成为世界科学中心，需要具备强大的经济基础和社会文明程度、开放包容的创新环境、卓越的人才集聚能力。意大利的文艺复兴、英国的工业革命、法国的启蒙运动、德国的科学革命以及美国的科技崛起，无一不是在这些条件的共同作用下实现的。

当前，我国正在加快建设世界重要人才中心和创新高地，要实现从“人才大国”向“人才强国”的转变，必须深刻把握科技创新与人才发展的内在规律，认识人才在科技创新中的核心作用。人才是创造科学成果的主体，无论伽利略、牛顿、爱因斯坦，还是当代的科技领军人物，其成就都证明了顶尖人才在推动科技进步中的不可替代作用，世界科学中心的转移归根结底是高水平科技人才的转移。在推进科技创新中心建设的过程中，要始终坚持人才引领发展的战略定位，为科技创新和高质量发展提供坚实的人才保障和智力支撑。

三、全球人才争夺战：国家战略的新高地

从全球视野来看，当今世界正在经历百年未有之大变局，新一轮科技革命和产业变革方兴未艾，全球产业链、供应链深度调整，国家之间尤其是传统强国与新兴大国间的竞争博弈进一步加剧。世界经济论坛创始人克劳斯・施瓦布认为，面向第四次工业革命，关键的生产要素不是资本而是人才。限制创新、竞争

力和增长的因素是人才的匮乏，而不是资本的短缺。[①] 科技人才，特别是决定国家竞争优势的基础科学和高精尖技术领域的战略科技人才，成为国家间博弈所争夺的主要目标。科锐国际最新发布的《2025 人才市场洞察及薪酬指南》报告显示，在全球科技变革风起云涌之际，人工智能（AI）成为最热门赛道，尤其是在生成式 AI、智算中心、人形机器人等新兴领域，人才抢夺呈现烽火连天的态势。

无论是发达国家还是发展中国家，都把人才发展上升至国家战略层面，更多国家走入人才竞争“中心圈”，世界人才争夺也愈演愈烈，各个国家把吸引人才作为国家战略的重要组成部分，纷纷出台一系列具有竞争力的政策措施。

秉持“得人才就可以得天下”观念的美国，通过多层次、多领域的政策体系吸引高端人才：20 世纪 90 年代推出临时工作签证（H－1B）计划，定向吸引全球科技人才。近年来，美国每年发放的临时工作签证（人才签证）达到 8.5 万张，持有人才签证的非美籍员工约占美国员工总数的 8%，主要来源国是印度和中国，并覆盖全球 80% 的国家。[②]《2021 年美国创新与竞争法》和《2022 年美国竞争法》形成政策组合拳，将 STEM（科学、技术、工程和数学）领域的高端人才作为战略竞争资源。放宽 H－1B 等高端人才签证的配额和审核标准，简化入境流程。通过“国家利益豁免”计划和 EB－1A 杰出人才移民项目，为高学历和高技能人才提供快速移民通道。美国甲骨文公司旗下太阳计算机系统公司的负责人认为，“H－1B 签证人才是我们公司成功的关键性因素”，“如果没有他们，我们的许多项目都会受到损害，商业目标就不得不打折扣”。[③]

借鉴中国经验，英国于 2020 年在首相府成立跨部门的“人才办公室”（Office for Talent），旨在简化全球顶尖科学家、研究人员和企业家进入英国的流程，在全球范围内吸引顶尖人才，推动英国的科技创新和经济发展。通过“全球人才签证”计划，取消人才引进的数量限制，为科学家、研究人员等顶尖人才提供快速通道，计划到 2030 年至少增加 15 万名研发人员。2022 年，英国

---

① 施瓦布. 第四次工业革命[M]. 世界经济论坛北京代表处，李菁，译. 北京：中信出版社，2016：47.

② 刘婷婷. 从 H－1B 签证看美国与亚洲国家间的人才流动[J]. 珞珈史苑，2016：430－477.

③ 徐红彦，梁茂信. 美国吸引外籍技术人才的政策与实践——以临时技术劳工制度为例[J]. 美国研究，2015，29(4)：147－160.

又推出“高潜力人才”签证，允许毕业于世界知名大学的申请者在无需雇主担保的情况下入境并居留。此外，英国还通过更新《国际教育战略》，计划到2030年每年接收60万国际学生，进一步扩大教育出口。

欧盟推出“蓝卡计划”，为高技术人才提供工作和居留许可，持卡人可在欧盟范围内自由流动。欧洲创新与技术研究院(EIT)整合了28个国家的创新资源，建立8个知识与创新共同体，为人才提供跨国的研究和发展平台。设立“玛丽·居里行动计划”，资助研究人员在欧洲各国间的流动和交流，促进人才资源的优化配置。其中，德国全面实施欧盟“蓝卡计划”，第二年便成为欧盟蓝卡的最大发放国——占据欧盟蓝卡总数的90%，彰显出在全球范围内争夺高水平专业技术人才的攻势。法国实施新移民法，发放“人才护照”长期居留签证，吸引来自世界各地的经济、科学、艺术和体育领域人才。

加拿大实施“2023—2025年移民规模计划”，推出“科技人才战略”，通过提高审批效率、增加移民配额和简化永居流程，为高端人才提供移民便利。同时，加拿大为拥有硕士以上学位的留学生提供移民优待政策，包括延长工作签证期限和免除工作经验要求。

日本于2023年推出“特别高度人才”签证，放宽入境条件，缩短永居申请年限，吸引全球高技术人才。同时，日本通过“外国人特别研究员”项目，为博士后研究人员提供优厚待遇，储备学术后备力量。

新加坡通过设立国家级猎头公司“联系新加坡”，在海外搭建平台，为国际人才提供一站式服务。此外，新加坡实施多元化的工作签证政策，为高收入外籍人士提供长期工作签证，允许其配偶获得工作资格。

第二节　发展瓶颈：我国人才队伍建设的现实挑战

一、从全球创新指数看我国人才发展

党的十九届五中全会明确了到2035年我国进入创新型国家前列的战略目标，实现这一目标的关键在于建设一支高素质、创新型的人才队伍。尽管我

国在科技创新领域取得了显著进步，但是人才队伍建设仍面临诸多短板与挑战。全球创新指数(Global Innovation Index，GII)作为衡量国家科技创新能力的重要指标，提供了评估人才竞争力的重要视角。

根据世界知识产权组织发布的《2024 年全球创新指数(GII)》报告，我国目前在全球创新指数排名中位列第 11 位，已跻身创新型国家行列，但与第一梯队的差距仍然存在。全球创新指数的评估主要基于两大维度：创新投入和创新产出。其中，创新投入是衡量一个国家科技创新能力的基础性指标，而人力资本要素在创新投入中占据核心地位。

从具体维度来看，我国在“知识和技术产出”维度排名第 3，显示出较强的科研实力和技术转化能力；“基础设施”维度排名第 5，表明科研硬件条件和信息化建设方面已达较高水平；“商业成熟度”和“市场成熟度”维度分别排名第 11 和第 16，反映创新成果的商业化应用和市场环境仍有提升空间。然而，在“人力资本和研究”维度，仅排名第 22 位，远低于其他维度，表明我国在人才培养、使用和激励机制方面仍存在明显短板。此外，“制度环境”维度排名第 44 位，凸显了创新生态系统在制度建设上还需进一步优化(具体如表 1-2 所示)。

表 1-2　2024 年全球创新指数中国各维度排名情况

维　　度	排　　名
创新产出	14
知识和技术产出	3
商业成熟度	11
市场成熟度	16
基础设施	5
人力资本和研究	22
制度环境	44

数据来源：《2024 年全球创新指数》报告。

通过全球创新指数的分析，可以清晰地看到我国在科技创新和人才发展方面的优势与短板。虽然我国在科研产出和基础设施方面可圈可点，但在人力资本开发和创新生态系统建设方面劣势明显。为实现到2035年进入创新型国家前列的战略目标，需要抓住新一轮科技革命和产业变革的发展态势，适应和引领经济发展要求，加强人才工作。通过加大投入、优化机制、推动区域协调发展和加强国际合作，全面提升人才竞争力。

二、人才队伍“大而不强”问题值得关注

我国高度重视人才队伍建设，始终将人才作为推动经济社会发展的核心资源。回溯至2003年，全国人才工作会议明确提出实施人才强国战略。2007年，党的十七大进一步将人才强国战略提升到战略层面，并写入党章，使其成为全党上下共同遵循的行动纲领，彰显出国家对人才工作的坚定决心与长远规划。党的十八大以来，更是全面深入推进人才强国战略，从顶层设计到具体举措，构建起一套完整且科学的人才工作体系。

在人才强国战略的有力推动下，我国人才发展水平实现了前所未有的大幅提升，人才队伍在规模、质量和效能上不断迈上历史新台阶，目前已形成全世界最全门类、最大规模和最高经济参与程度的国家人才资源积累。截至2019年，我国人才资源总量已达到2.2亿；①截至2020年底，我国科技人力资源总量以11 234.1万人位居世界之首；②研发人员总量从2012年的324.7万人·年提高到2022年的604.1万人·年，亦居世界第一。③

我国教育总体发展水平已进入世界中上行列。2023年，具有大学文化程度人口超过2.5亿人，劳动人口平均受教育年限达到11.05年，公民具备科学素质的比例达到14.1%。④ 全社会研发经费自2012年突破1万亿元后连年增

① 习近平.深入实施新时代人才强国战略加快建设世界重要人才中心和创新高地[J].求是，2021(24)：4－15.

② 中国科协调研宣传部，中国科协创新战略研究院.中国科技人力资源发展研究报告2020[M].北京：清华大学出版社，2021：21.

③ 中华人民共和国科学技术部.中国科技人才发展报告2022[M].北京：科学技术文献出版社，2023：1.

④ 国家统计局.人口大国向人力资源强国转变人口高质量发展取得成效——新中国75年经济社会发展成就系列报告之十五[EB/OL].[2024－09－20].https://www.stats.gov.cn/sj/sjjd/202409/t20240920_1956588.html.

长，到 2022 年突破 3 万亿元，位居全球第 2；2022 年研发投入强度首次突破了 2.5%，基础研究投入比例连续 4 年超过 6%。[①] 根据美国国家科学委员会（NSB）发布的《2022 年科学与工程指标》报告显示，2010—2019 年，我国的研发投入年均增长 10.6%，远超美国的 5.4%。我国已成为名副其实的世界人才大国，产生了广泛的世界影响。例如，联合国教科文组织曾专门召开会议研讨中国人才工作，并将“rencai”列为专门词汇。

然而，我国人才队伍“大而不强”的问题尚没有很好地解决。科技论文数量虽已居世界第 1，高被引论文数量居世界第 2，但基础研究整体水平不高，标志性重大原创成果少。基础研究人才缺乏，主要体现在缺少能产生重大原创成果的顶尖科学家。“高层次创新型人才非常短缺，特别是一流科学家、科技领军人才十分匮乏，能跻身国际前沿、参与国际竞争的战略科学家更是凤毛麟角”。[②] 斯坦福大学发布的《2022 全球前 2%顶尖科学家榜单》显示，我国共有 7 795 位科学家入榜，不足美国入榜科学家数量的 1/10。从人均看，每百万人中，瑞士和丹麦上榜人数超过 300 人，我国仅 5.5 人。根据《世界人才竞争力指数》（GTCI 2023），我国在人才驱动创新方面的得分（约 55.3）低于德国（75.2）、美国（80.1）和日本（68.4）。

《全球人才流动趋势与发展报告（2022）》就全球 38 个主要国家的人才竞争力进行指数排名，我国人才竞争力状况有喜有忧。[③] 全球人才竞争力指数排名第 8，表明我国在吸引、培养和留住人才方面具有较强的综合实力，尤其在人才规模和人才环境方面表现突出，但在人才投入、效能和质量方面仍有较大提升空间。

具体来看，我国人才规模居全球第 1，这得益于庞大的人口基数和近年来高等教育的快速发展。人才规模的优势为经济发展提供了充足的劳动力资源。人才环境排名第 2，显示出良好的政策环境和经济活力为人才提供了广阔

---

① 杨舒. 2022 年我国研发经费投入突破 3 万亿元创新型国家建设获有力支撑[N]. 光明日报，2023 - 09 - 19(8).

② 兰红光. 习近平在同外国专家座谈时强调中国要永远做一个学习大国[N]. 人民日报，2014 - 05 - 24(1).

③ 全球化智库. 全球人才流动趋势与发展报告(2022)[R/OL]. [2022 - 11]. http://www.ccg.org.cn/archives/72200.

的发展空间。人才投入方面排名较低，仅位列全球第 28 位。尽管在高等教育和科研领域投入巨大，但人均投入水平仍落后于许多发达国家，影响了人才的质量和创新能力。人才效能指人才对经济和社会发展的贡献效率，我国在这一指标上排名第 26，表明虽然我国拥有庞大的人才规模，但人才的使用效率和创新能力仍有待提升，特别是在高附加值产业和原创性研究领域差距较大。人才质量方面排名较低，位列全球第 36 位。人才质量包括教育水平、技能匹配度、国际化程度等。表明尽管我国在基础教育普及和高等教育规模上取得了显著成就，但在高端人才培养、国际化人才吸引和技能匹配度方面仍存在明显短板。

三、人才队伍结构性矛盾突出

中央人才工作会议指出，我国人才队伍结构性矛盾突出，成为制约高质量发展的关键短板，是我国人才工作面临的核心挑战之一。人才队伍结构性矛盾主要是指人才在数量、质量、分布、层次、领域等方面存在的失衡现象，表现为领军人才、拔尖人才等高端人才供给不足、区域分布不均衡、行业领域匹配度不高、创新能力亟待提升等问题。具体表现为人才总量虽大，但人才的结构分布不平衡，在庞大的人才金字塔结构中，高峰人才相对稀缺；人才区域分布不均衡，东部发达地区人才集聚效应明显，而中西部地区和基层人才匮乏；行业领域间人才供需错配，传统产业人才过剩与新兴产业人才短缺并存；人才分布的主体失衡，高校、科研院所与企业之间的人才分布存在显著差异，高校和科研院所人才相对集中，企业一线创新人才和技能型人才相对匮乏。这种结构性矛盾不仅制约了人才资源的优化配置，还对创新能力、区域平衡、产业升级和国际竞争力产生了深远影响。

（一）高端人才与基础人才的比例失衡

在人才层次结构上，理想的人才队伍结构通常呈现“金字塔”型，即“塔尖”尖、“塔身”壮、“塔基”实。然而，我国当前的人才队伍结构仍存在一些问题：“塔尖”不够尖，高端人才相对稀缺；“塔基”虽然庞大，但基础人才的质量和结构仍需进一步优化。高端人才，尤其是领军人才和拔尖人才的稀缺，是我国人才队伍结构性矛盾的核心问题之一。尽管我国人才总量庞大，但高端人才、领军人才和拔尖人才相对短缺。每万人就业人员中R&D[①](科学研究与试验发展)人员数量不足百人[②],R&D人员密度不足,面临着巨大的科技人才瓶颈制约。

在国际顶尖科学家和工程师的数量上,我国与发达国家尚存在较大差距,诺贝尔奖、图灵奖、菲尔兹奖等国际顶级科学奖项的获得者数量寥寥几位,远远落后于美、英等国。科技领域目前仅有屠呦呦一位诺贝尔奖获得者,一位沃尔夫奖获得者(袁隆平),无人获得菲尔兹奖、图灵奖等重要奖项。

人工智能、量子计算、生物医药等前沿领域的领军人才严重不足,特别是在全球范围内具有影响力的科学家和工程师数量有限。《全球AI人才追踪2.0》显示,美国仍是全球最精英(前2%)AI人才的首选就业目的地,57%的最精英的AI人才首选在美国就业。中国仅次于美国,是美国的最大竞争对手,有12%的最精英的AI人才首选在中国就业,差距非常明显。[③] 高精尖人才缺乏成为制约我国科技创新能力提升和现代化强国建设进程的重要因素。在高端算法工程师、数据科学家等关键岗位的人才供给上,仍存在显著缺口。《中国人工智能人才发展报告(2022)》显示,人工智能领域产业人才存量数约为94.88万人,其中本科学历占68.2%,硕士研究生学历占9.3%,博士研究生学历仅占0.1%。[④]

(二)区域间人才分布不均

陈劲等通过研究指出,我国人才分布存在区域差异,低收入区域内的科技人才发展水平的非均衡问题突出,并呈现出波动上涨态势。[⑤] 我国东部地区凭借其经济发达、产业集聚和创新资源丰富的优势,吸引了大量高端人才,形成了显著的人才集聚效应。第七次全国人口普查数据显示,北京、上海、广东、江

---

① R&D指为增加知识存量(包括有关人类、文化和社会的知识)以及运用已有知识而进行的创造性、系统性工作,国际上通常采用R&D活动的规模和强度指标反映科技实力和核心竞争力。

② 根据《中国统计年鉴(2024)》,每万人就业人员中R&D人员数量为97.8人。

③ 张天祁.全球顶级AI人才调查:最精英的首选美国就业,中国输出最多[EB/OL].[2024-03-28]. https://www.thepaper.cn/newsDetail_forward_26842815.

④ 林镇南,孙丰伟.中国人工智能人才培养存在的问题和建议[EB/OL].[2024-04-03]. https://www.yicai.com/news/102054523.html.

⑤ 陈劲,杨硕,吴善超.科技创新人才能力的动态演变及国际比较研究[J].科学学研究,2023,41(6):1096-1105.

苏和浙江五省市的高端人才数量占全国的47.9%以上，每万人就业人口中博士研究生分别有195.7位、97.6位、19.5位、15.9位、13.3位，而甘肃、青海、云南、新疆维吾尔自治区、贵州每万人就业人口中博士研究生分别仅有10位、7位、6.1位、5.1位、4.8位。① 两院院士就业地也具有相似特征，截至2023年12月，北京(41.6%)、上海(13.6%)、江苏(6.4%)、湖北(4.8%)和广东(4.0%)位居中国科学院院士就业地排名前5；中国工程院院士就业地排名前5为北京(37.97%)、江苏(7.59%)、上海(6.96%)、湖北(5.06%)、湖南(3.8%)。北京作为首都，以42.92%高居院士就业地选择的首位。② 从区域来看，京津冀拥有两院院士850人，占全国比重高达46%，长三角、粤港澳、成渝、东北分别拥有415人、83人、79人和118人，占全国比重分别为22.4%、4.5%、2.6%和6.4%。③ 在前沿的科技领域，北京市的高端人才优势也非常突出，截至2024年3月，人工智能顶尖人才占到全国总量的43%左右。④ 在科研投入和创新成果上，北京、上海等地的科研经费投入和高被引科学家数量均位居全国前列。

而中西部地区在人才吸引和保留方面则面临巨大挑战。尽管近年来国家出台了一系列支持中西部人才发展的政策，但人才流失和供给不足的问题依然突出。一方面，中西部地区人才规模与东部地区存在显著差异，高层次人才总量在中部和西部地区仅占18%和12%，东部地区占71%。中部和西部每百万人口拥有高层次人才数量仅为2.37和1.80，其中西部九省区仅为0.50，而东部则达到7.21。另一方面，中西部人才流动率明显高于东部，中部流动率为18%，西部流动率为19%，而东部流动率仅为13%，依据摩尔根的判断标准，东部地区高层次人才流动处于良好状态，而中西部的流动率已接近流失水平。⑤ 且

---

① 李佐军，孙飞.人才区域布局合理化与发展协调性研究[J].发展研究，2023，40(3)：39－44.

② 封丽，詹文青，云云，等.战略科技人才群体结构特征和成长规律研究——以院士群体为例[J].图书情报导刊，2024，9(9)：64－73.

③ 裴文乾，张宓之，何雪莹，等.新发展格局视域下我国重点区域科技人才发展特征分析[J].今日科苑，2023(12)：26－36.

④ 訾谦，董城.北京：高质量发展迈出坚实步伐[N].光明日报，2024－03－20(3).

⑤ 段戴平，王欣雨，李明芳.中西部高校高层次人才流动的失序困境与纾解[J].高教发展与评估，2024，40(5)：33－45＋120－121.

中西部地区人才吸引力不足，毕业生向中部和西部地区的流入率分别只有6.23%、5.15%。[①]

（三）行业间人才供需失衡

人才队伍结构性矛盾还体现在行业领域匹配度不高的问题上。随着我国经济结构的转型升级，新兴产业对人才的需求急剧增加，而传统产业的人才供给则相对过剩。根据安永（中国）企业咨询有限公司与华为共同调研撰写的新版《中国ICT人才生态白皮书》，我国云计算、人工智能、大数据、物联网等方面的人才缺口在2025年分别达到561万、378万、464万、391万。[②] 与此同时，传统制造业、建筑业等行业的就业需求进一步萎缩，2019年我国规模以上工业企业口径下传统产业内从业人数在就业总数中的比重为56.44%，2023年则下降至52.46%。[③]

行业领域的人才供需失衡，不仅制约了新兴产业的快速发展，也加剧了传统产业的就业压力。以人工智能领域为例，尽管我国在人工智能领域的科研产出位居世界前列，但在高端算法工程师、数据科学家等关键岗位的人才供给上，仍存在显著缺口。《抢滩数字时代·2023人才迁徙报告》显示，2022年最缺人才的行业依次是人工智能、电子芯片和新能源汽车等新经济领域，人工智能行业的人才紧缺指数为0.83，电子芯片和新能源汽车分别为0.80和0.69。[④] 与此同时，传统制造业的技能型人才供给过剩，导致大量劳动力无法适应新兴产业的需求，进一步加剧了结构性失业问题。

（四）人才分布的主体失衡

人才分布的主体失衡是我国人才队伍结构性矛盾的重要表现之一，主要

---

① 潘晨晨，李莞荷，王顶明．人才流向何处："双一流"高校毕业生空间流动特征研究[J]．复旦教育论坛，2024，22（4）：34－43.

② 安永（中国）企业咨询有限公司，华为．2022中国ICT人才生态白皮书[R/OL]．[2022－11－14]．https://e.huawei.com/en/material/service/880481f0c28b4a6c99f383723d533ce5.

③ 王海兵，李先军．传统产业转型升级面临的压力及政策建议[J]．发展研究，2024，41（11）：18－24.

④ 脉脉人才智库．抢滩数字时代·2023人才迁徙报告[R/OL]．[2022－12]．https://www.sdyanbao.com/detail/336976.

体现在高校、科研院所与企业之间的人才分布不均，国有企业与民营企业之间的人才分布差异显著。高校和科研院所是我国高端人才的主要聚集地。从2011—2021年间两院院士工作单位类型来看，10年间共增选院士755人，其中来自高等院校366人，来自科研院所250人，合计约占总体的81.6%，为院士增选的主要来源。其中，2021年来自高校和科研院所的新当选院士达121人(约占总体的81.2%)，高校科技工作者达75人，为2001年以来增选数量最多；来自企业的有12人(约占总体的8.1%)，虽然近10年来数量和比例有所提升，但与高校和科研院所相比，数据悬殊。①

在企业的人才分布中，中小企业的人才占比远低于大型企业，尤其是民营企业在人才储备方面面临较大挑战。2021年民营企业研发人员中博士研究生和硕士研究生学历人员占比仅6.9%，较2012年下降2.2个百分点；同期，国有企业研发人员中博士研究生和硕士研究生学历人员占比则提升了近10个百分点。② 2015—2019年，规模以上国有工业企业中具备中级以上职称或博士研究生学历人员的比重呈稳步上升态势，年均增速达到6.1%；民营企业这一指标已从2015年的29.31%下降至2019年的25.17%，两者“剪刀差”持续扩大。另据人力资源社会保障部公布的数据显示，2014—2021年，在第十二届至第十五届高技能人才评选表彰活动中获得“全国技术能手”和“中华技能大奖”的人才共计1 312名，其中，中央企业和一般国有企业获奖人数占比超过70%，其他类型企业占比不到30%。③

第三节　人才柔性共享：破解人才困境的机制创新

人才柔性共享作为一种创新的人才使用模式，正逐渐成为破解人才发展

① 中国科协创新战略研究院. 149+45位！共和国院士队伍再添力量，谁将接力撑起科技的一片天？[EB/OL]. [2021-11-19]. https://m.thepaper.cn/baijiahao_15465259.

② 高太山. 民营企业创新现状分析[N]. 中国经济时报，2023-10-16(A03).

③ 周文斌，李宁，唐华茂. 新时代人才强国战略下国有企业人才队伍建设研究[J]. 企业经济，2023，42(4)：16-27.

难题、释放人才潜能的重要途径。其不仅能够打破地域、行业和体制的限制，还能通过灵活的合作方式，实现人才价值的最大化，为经济社会高质量发展注入强劲动力。在当前全球化与数字化深度融合的背景下，人才柔性共享不仅是应对人才短缺和结构性矛盾的有效手段，更是推动区域协调发展、促进技术传播与创新的关键举措。通过柔性共享，人才可以在更广阔的空间发挥作用，组织也能以更经济的成本获取所需的智力支持，从而实现人才与组织的共同成长。

一、人才柔性共享是缓解人才短缺困境，释放人才比较优势的关键举措

“星期日工程师”是我国较早出现的人才柔性共享形式。20 世纪 70 年代末，改革开放拉开了中国经济腾飞的大幕，市场经济逐步繁荣，产业结构不断优化升级，我国经济快速发展，各地都遇到了人才供给跟不上发展需求的矛盾。于是，成本较低、效率较高的柔性引用方式迅速崛起，有效弥补了人才短缺的实践困境。

当前，随着第四次工业革命的深入推进，新兴技术领域如人工智能、大数据、半导体人才的需求急剧增加，传统教育体系在培养跨学科、复合型人才方面的滞后性，导致人才供给无法及时响应市场需求。据管理咨询公司光辉国际(Korn Ferry)预测，到 2030 年，全球技术工人短缺将超过 8 500 万人。[①] 同时，由于地域发展不平衡进一步加剧了供需矛盾，发达国家凭借优越的经济条件和创新环境吸引了大量高端人才，而发展中国家则面临人才流失与创新能力不足的双重压力。

发展中国家如何有效运用人才柔性共享方式，缓解本地人才资源短缺困境，成为当地经济技术发展的强大助推器。学者萨克斯尼安(AmnaLee Saxenian)指出，中国和印度高新技术产业的迅猛发展，很大程度上得益于其

① DA COSTA P N. Tech Talent scramble, global competition for a limited pool of technology workers is heating up[J]. Finance & Development, 2019(3): 47－49.

海外人才，特别是在美国的高技能移民群体的贡献。[①] 以印度为例，印度作为全球重要的高技能人才输出大国，大量具有高等教育背景，且在科技与工程领域颇具专长的高技能移民广泛分布在北美、欧洲以及澳大利亚等发达国家和地区。一方面，这些高技能人才，特别是在美国硅谷工作的高技能人才，通过提供专业咨询服务、分享前沿技术知识以及输出先进的技术服务，极大地促进了印度信息技术产业的快速发展和技术创新升级，另一方面，印度政府积极采取多种举措，致力于激发海外精英群体参与印度国内经济与社会建设的热情。2009 年，印度政府专门设立了总理全球顾问委员会，吸引来自海外各个领域的优秀印籍人才，为印度的国家发展战略规划以及海外投资决策提供专业的咨询建议。在以色列，为了更好地实现柔性用才，总理办公室与 BioAbroad 建立合作伙伴关系。BioAbroad 是以色列海外资深生命科学家的非营利组织，通过持续与海外以色列高端科学家开展合作和联系，来加强以色列的研究和产业发展。[②]

人才的柔性共享不仅是破解人才短缺困境的良策，更是发挥人才比较优势、让人才价值最大化的妙招。比如在美国，部分医院存在这样一种高效的人才协作模式，医院利用时差，晚上将白天接诊病人的片子传到印度，由当地技术人员进行图像数据分析并传回美国，第二天美国医生据此给出诊断结果。这种跨地域的人才协作模式，不仅提高了医疗服务的效率，还降低了成本，同时为印度技术人员发挥人才比较优势，实现双方互利共赢提供了机会。[③]

毋庸置疑，人才柔性共享的最终目标是为人才带来无限的施展空间，最大限度激发人才潜能。吴玲认为，人才共享虽然是让人才“脚踩两只船”，但是这样做可以为人才提供发挥潜力的机会、施展才华的机会、搭建舞台的机会。[④] 吴江认为，柔性引才的作用最主要是促进人才流动、释放人才活力、提升人才

① SAXENIAN A L. From brain drain to brain circulation：transnational communities and regional upgrading in India and China[J]. Studies in Comparative International Development (SCID), 2005, 40(2)：35 - 61.

② 黄海刚. 散居者策略：人才环流背景下海外人才战略的比较研究[J]. 比较教育研究，2017，39(9)：55 - 62.

③ 罗旭. 柔性治理，释放柔性引才新活力[N]. 光明日报，2019 - 01 - 27(7).

④ 吴玲. “人才共享”办法好[J]. 民主，2008(1)：48.

贡献率。最新的全国人才资源统计结果表明，我国人才贡献率已从1978年至2008年平均18.9%，攀升至现在的33.5%。这14.6个百分点的增量主要来自人才流动，其中柔性流动的贡献占了很大比重。①

浙江在改革人才发展体制机制，通过人才柔性共享方式激活人才活力方面进行了积极探索。2023年8月21日，浙江省四部门联合印发了《关于促进人才交流共享推动教育科技人才一体发展的若干意见》，从政策上打通了高校、科研院所和企业之间的人才流动通道，健全了人才流动共享的政策体系，形成了"编制在高校，科研在平台，转化在企业"的新机制。这一机制深受人才欢迎，有效推动了高校、科研院所和企业之间的人才交流共享。

以白马湖实验室为例，该实验室成立于2022年，由浙能集团牵头，联合浙江大学和西湖大学共建。得益于浙江省在人才流动共享方面的政策创新，实验室采用了灵活的"双聘"机制，科研团队在白马湖实验室工作的同时，还可以保留高校的事业编制，并获取市场化的科研报酬和成果转化奖励，使得人才能够充分发挥其潜力，实现了科研人员的"名利双收"。在不到半年的时间里，白马湖实验室吸引了来自国内外高校和产业界的50余名顶尖人才加盟。这种"编制在高校，科研在平台，转化在企业"的人才柔性共享模式，不仅促进了人才流动，激活了人才活力，也为科研成果的转化提供了有力支持，成为浙江省人才发展体制机制改革的一大亮点。②

二、人才柔性共享是驱动高质量发展，加速技术广泛传播的强力引擎

推进高质量发展离不开人才的重要支撑和作用发挥。大量研究证明人才集聚对区域经济发展带来积极影响，是促进经济高质量发展的动力主体。王黎明和王宁的研究通过面板风险模型发现，人才集聚促进经济增长，具体表现

① 罗旭.柔性治理，释放柔性引才新活力[N].光明日报，2019-01-27(7).

② 资料来源：央视新闻客户端.央视《新闻30分》聚焦白马湖实验室教科人一体化发展工作[EB/OL].[2024-08-26].https://www.zjenergy.com.cn/ZNWW/contents/138/1101.html。

何冬健.白马湖实验室和浙江工业大学共建科教融合学院编制在高校科研在平台转化在企业[N].浙江日报，2024-11-20(1).

为人才集聚水平每提高1%，就会带来0.012%的经济增长，未来10年人才集聚对经济增长的正向作用将逐步增强。[①] 郭金花和陈鑫通过我国30个省(区、市)的面板数据，验证了科技人才的集聚有利于促进经济高质量发展，而且科技人才集聚对地区经济高质量发展的边际贡献随着科技人才集聚层次的提高呈现逐步增强的趋势。[②] 当前，人才资源的优化储备越来越受到重视，各地均把人才资源的配备当作关乎发展的重大问题来谋划。

在长三角地区，高质量发展呈现出“以上海为中心向外围扩散”的特征，空间关联性明显，城市间发展质量的差距也在逐渐扩大。[③] 究其原因，地区之间高质量发展的不平衡与人才分布不均的相关度较高。长三角地区人才分布不均、人才吸引力差异显著的现象绝非短期能够改变。区域人才柔性共享为推动长三角高质量发展提供了重要路径。人才柔性共享不仅为区域内高层次人才匮乏地区的高质量发展提供了根本解决方案，而且通过共享形式促进了技术扩散，进而推动了高质量发展。

进一步而言，人才对高质量发展的深层原动力来自技术创新。[④] 人才在流动过程中往往伴随着知识、技术和创新的流动和扩散。萨克斯尼安认为，对于区域创新而言，关键不在于人才和知识在某一区域的简单集聚，而在于这些资源能否在区域内实现有效的流动与交流。人才柔性共享是一种特殊的人才流动方式，可以加速知识创新和转化的速度，也可以促进带动经济发展的生产技术和管理能力的转移和扩散。比如，浙江曾经以“星期日工程师”的形式邀请上海的技术人员为企业发展出力，通过技术扶持使企业茁壮成长。[⑤] 有关统计数据显示，以“星期日工程师”等方式为载体的人才柔性流动，在带动了一大批新生代企业和优秀企业家成长的同时，也为区域乡镇企业创造了超过其自身

---

① 王黎明，王宁. 人才集聚、科技创新与经济高质量增长的交互效应——基于省级面板数据VAR模型的实证分析[J]. 河南师范大学学报(哲学社会科学版)，2021，48(1)：88-94.

② 郭金花，陈鑫. 科技人才集聚与经济高质量发展：技术红利还是结构红利？[J]. 创新科技，2021，21(11)：75-84.

③ 余博，潘爱民. 数字经济、人才流动与长三角地区高质量发展[J]. 自然资源学报，2022，37(6)：1481-1493.

④ 陈劲，刘海兵，杨磊. 科技创新与经济高质量发展：作用机理与路径重构[J]. 广西财经学院学报，2020，33(3)：28-42.

⑤ 叶辉，徐锦庚. 柔性流动：人才机制的重大突破[N]. 光明日报，2002-05-22.

劳动报酬几十倍以上的经济效益，对区域乡镇企业生产和集体经济发展起到了巨大的促进作用。

与此同时，人才柔性共享过程也促进了科技成果的转化。近年来，各地在积极创新柔性引才方式，探索通过选聘“科技副总”为企业破解技术难题。“科技副总”在突破企业卡脖子技术瓶颈、解决关键技术难题、提供技术咨询诊断上发挥了极其重要的作用。例如，作为国家级专精特新“小巨人”企业的浙江武精机器制造有限公司，拳头产品颚式破碎机重达二三十吨，板厚 100 多毫米，以往需要两个工人焊接半个多月才能完成。该企业通过引入“科技副总”开展技术攻关，成功研发自动化焊接装备，颚式破碎机生产效率提高 30%，创造经济效益 1 100 多万元。①

我国 57.5%的贡献率相对于美日等发达国家 70%的科技进步贡献率属于偏低水平，通过人才柔性共享一智多用，有助于促进科研人才、智慧资源和成果更多地转化。② 因此，人才流动不仅成为促进经济发展的重要推动力，是产业发展、区域融合、技术革新和制度创新的重要驱动力，也是驱动区域高质量发展的关键因素。③

当前，在新一轮科技革命和产业变革的背景下，人才已成为增强本土竞争力的关键要素，各城市之间的人才竞争越发激烈。这种人才争夺也带来了显著的“马太效应”，导致城市发展疲于应付、相互消耗，甚至对经济高质量发展产生了负面影响。在此背景下，建立人才柔性共享机制显得尤为重要。通过实现人才柔性共享，不仅可以避免无序竞争，还能提升人才利用效率，增强地区竞争力，为高质量发展提供支撑。

三、人才柔性共享是应对人才结构性矛盾的有效途径

一定的经济结构需要与之相匹配的人才结构，然而，当前不同地区、行业、机构之间的人才分布存在显著的结构性矛盾。这种矛盾在地区之间的差异主

---

① 乐翠球，陈潇奕. 落地生根，更要开花结果——人才流动共享的问与答(三)[N]. 浙江日报，2025-03-12(9).

② 王晓航. 跨区域科技人才共享实践模式比较研究[J]. 科学管理研究，2020，38(2)：126-131.

③ 王京生. 世界四大湾区人才流动比较分析及启示[J]. 特区实践与理论，2022(3)：79-86.

要体现在：由于各地区在经济基础、就业机会、文化生活环境、教育资源、公共服务水平等方面存在较大差距，导致各个城市的人才吸引力不平衡，人才资源两极分化严重，区域人才流动性、配置效率不足，且有扩大趋势。① 例如，东部沿海地区凭借较高的薪资水平和优越的发展机会，吸引了大量高素质人才；而中西部地区则面临人才流失与创新能力不足的双重挑战，进一步加剧了区域发展的不平衡。

以高层次人才分布为例，由于受到各地经济发展水平、引才政策、高校与科研院所分布等各方面因素的影响，我国高层次人才区域布局存在显著的不平衡现象。根据《中国科技统计年鉴 2022》数据，全国研发人员中，东部地区占比超过 60%，而中西部地区占比不足 30%。此外，中国科学院 2020 年统计数据显示，中国科学院院士的工作地主要集中在北京、上海、江苏等地，仅上海和北京两地就占 63%。黄海刚等以某国家高层次人才项目获得者为研究对象，分析了我国各地人才的流动情况。研究发现，广东、上海、浙江、北京、天津等地高层次人才流动为顺差状态，而甘肃、辽宁、福建、安徽等地面临较为严重的人才逆差问题，人才逆差最为严重的地区为陕西和吉林。②

众所周知，人才的成长与培育是一个长周期的过程，往往需要十几年甚至几十年的时间。正因如此，人才供需矛盾长期存在，难以在短期内解决。这种结构性矛盾不仅是当前我国人才发展中的突出问题，也将是未来长期面临的挑战。要解决这一问题，除了加大人才培育的范围和力度外，采用人才柔性共享方式不失为一剂良方。人才共享能够扩大人才的使用范围，提升利用效益，从而在一定程度上缓解区域人才的结构性矛盾。正如佟林杰、孟卫东等指出的，区域人才共享不仅能有效缓解人才结构性矛盾，还能促进人才资源的良性发展。③

在长三角地区，长三角 41 个地级市可以划分成龙头城市、枢纽城市、重要

① 胡本田，曹欢. 长三角高质量一体化发展研究——基于人才吸引力视角[J]. 华东经济管理，2020，34(10)：1-10.

② 黄海刚，曲越，连洁. 中国高端人才过度流动了吗——基于国家“杰青”获得者的实证分析[J]. 中国高教研究，2018(6)：56-61.

③ 佟林杰，孟卫东. 环渤海区域人才共享机制的瓶颈因素及对策研究[J]. 科技管理研究，2013，33(21)：91-94.

节点城市、一般节点城市和地方城市等五大发展层次。[①] 龙头城市上海依托自身的经济发达、要素集聚、区位独特、产业高端、创新驱动等显著优势而吸引和集聚了大量人才。在高端人才吸引和创新人才集聚方面，上海以 1.41 的人才流入/流出比位居长三角各城市之首。人工智能产业、高级金融、国际航运等领域重点布局的高层次人才，正在逐渐形成人才高峰。后发优势明显的南京、苏州、杭州、宁波、无锡、合肥等枢纽城市，通过有竞争性的人才政策，在发展过程中呈现新的发展势头，千方百计"抢"人才，人才净流入局面基本呈现。但是，非中心城市与中心城市之间仍存在显著的发展差距，这种差距犹如双重洼地效应——不仅是经济洼地，同时也是人才洼地，人才短缺、人才与产业不匹配的矛盾比较突出。主要表现在以下三个方面：

一是人才流动在长三角区域内呈现明显的不均衡，马太效应和虹吸效应明显。研究显示，长三角区域 41 个地级市中，除上海外，有 17 个城市是人口净流入城市，其中安徽仅合肥一地为人口净流入城市，而江苏则有苏州、无锡、常州、南京、镇江、南通和扬州等 7 个城市为人口净流入城市，浙江有宁波、杭州、嘉兴、金华、湖州、舟山、绍兴、温州和台州等 9 个城市为人口净流入城市，其余 23 个为人口净流出城市，其中净流出最严重的为安徽的六安、亳州、阜阳、铜陵、淮南和安庆。[②]

二是长三角大多数三线城市高层次人才队伍建设相对落后，人才结构不够合理的矛盾突出，表现为数量不足、质量不高、优秀拔尖人才缺乏。比如，长三角地区的常州、舟山等地，虽然在新一轮发展过程中表现优异，人才也呈现净流入态势，在高层次人才的引进和开发上也已经非常重视。但是受国家级科研院所重点实验室的数量和规模等因素的影响，仍然存在高层次人才总量不足，不能适应城市发展过程中对人才的需求和产业转型升级的要求，企业的科技含量和创新能力还有待提高等问题，这些问题在人才净流出城市表现得更加突出。

---

① 曾刚，王丰龙. 长三角区域城市一体化发展能力评价及其提升策略[J]. 改革，2018(12)：103－111.

② 上海社科院"长三角青年和人才友好型城市发展指数"课题组. 长三角青年和人才友好型城市指数分析之三——流动与集聚[J]. 长三角观察，2022(1/2/3)：31－34.

三是人才需求侧高度同质化，导致各地人才竞争也惨烈异常。产业结构严重趋同，造成产业高度同构，区域分工不够合理的现象在长三角地区普遍存在。相关资料显示，沪苏两地的产业布局在结构上的相似度达到了0.82，而浙苏更是高达0.97。① 在高度同质化的产业结构影响下，长三角各地出现人才需求的趋同。激烈的人才竞争导致各地陷入“竞价抢人”的怪圈，在人才政策制定上相互博弈，导致内耗和财政资源浪费，影响了区域整体人才发展治理水平。为了提升区域人才发展治理的整体水平，迫切需要在有条件的区域内运用人才柔性流动等方式推进区域人才协同发展。

四、人才柔性共享是提升欠发达地区人才竞争优势的重要手段

“共享经济”模式充分体现了“促进全社会资源有效整合利用，降低闲置率”的重要功能，也为解决区域人才分布不均、总量不足的问题提出了新思路。② 通过人才柔性共享，不拘一格地发挥人才作用，从而提高人才利用效率、降低人才引进成本。有研究对上海某区国有企业、非公企业以及学校、医院等事业单位的人才共享做了调查，发现该地区各种组织柔性引才需求缺口较大，52%的用人单位表示“有柔性引才需求”，其中柔性引进专业人才的需求缺口较大，特别是柔性引进的科技人才、医疗卫生和教育人才需求量较大，占总需求的82%。③

但是近年来，各地之间为了争取更多高素质高层次人才，纷纷开出优厚引才条件，展开“抢人大战”。从2017年到2020年，超过170个城市发布了相关人才新政，城市之间的人才争夺进入“白热化”阶段，特别是针对高层次人才的争夺日益激烈。一方面，“抢人大战”不仅提高了各地的引才成本，而且导致有些地区花费高昂代价引入的人才却在当地“水土不服”，“独木不成林”，缺乏发挥才能的整体氛围，导致人才闲置和人才浪费等现象。一些地区高层次人才“招不来、留不住”。更有甚者，引智沦落为一些地方政府或部门、单位为突出政绩而搞的形象工程、面子工程，异化为徒有其表不见其效、装点门面的政绩

---

① 中共浙江省委人才工作领导小组办公室，浙江省人才发展研究院. 浙江人才发展蓝皮书2020[M]. 杭州：浙江大学出版社，2020：72.

② 王晓航. 跨区域科技人才共享实践模式比较研究[J]. 科学管理研究，2020，38(2)：126-131.

③ 陈光普. “柔性”引才研究——基于沪郊的实证分析[J]. 中国市场，2014(43)：50-52.

工程，严重影响了人才的利用效率，甚至阻碍了区域经济的发展。另一方面，欠发达地区由于受到地理条件、发展水平、产业基础、薪酬待遇等因素的制约，在人才争夺大战中处于劣势，通过传统刚性引才方式常常是引不来也留不住，人才紧缺已经成为制约地区经济发展的短板和瓶颈。

为避免陷入人才资源"内卷化陷阱"，人才柔性共享方式可成为我国人才队伍建设的重要举措之一。人才柔性共享的柔性流动方式，不仅有助于用人单位与人才的先期磨合、避免人才浪费和引才成本过高等问题，而且提高了人才的用人实效，为相对不发达地区集聚高端人才提供了源泉，有利于当地人才队伍建设的跨越式发展。正可谓"既可以提高人才利用效率，又能大大降低引才成本"。例如，江浙地区不少民营企业在发展壮大中，通过"柔性引才"的方式解决了对高层次人才的需求。虽然早期对高层次人才求贤若渴，但一方面高层次人才引才成本高，另一方面又担心高薪引进的人才不仅不符合企业发展思路，反而会影响现有员工的工作积极性。从"刚性引才"向"柔性引才"的转变，企业不仅可以通过与人才的先期磨合，留下与企业发展思路高度契合的人才，而且大大降低了引才成本，是一举两得的引才方式。

五、人才柔性共享是适应新技术发展，推动人才与组织共同成长的重要路径

19 世纪末英国学者雷文斯坦提出"迁移定律"，认为交通、通信和技术因素会提高流动率。① 近年来，随着移动互联网平台和数字经济的兴起，远程交流在技术上日趋成熟，新的信息技术打破了人才流动在物理空间上的限制，使得人才流动虚拟化成为趋势，智力流动将代替人才流动。在信息网络化时代，一个国家、一个地区、一个企业都可以运用现代信息技术手段，在全球范围内配置使用人才资源。柔性引才、智力引用、项目式整合人才资源，逐步成为打造人才竞争优势的战略选择。

近年来，以云计算、人工智能、大数据、物联网、5G 为代表的数字经济异军突起，在推动产业数字化、助力社会治理现代化、推进社会发展智慧化的同时，

① 陈亮，石晓飞. 京津冀人才柔性共享机制研究[M]. 北京：人民出版社，2021：35.

也在推动国际科技合作和人才交流的数字化转型。线上人才流动呈现爆发式增长态势，人们通过远程交流、虚拟科研组织、远程实验室、云孵化、云会议等方式进行的智力交流比以前显著增加，教育资源、学术资源、智力资源在更大范围内实现了共享，并日益成为国际人才交流合作的新常态。

信息技术的快速发展，使人们摆脱了传统合作过程中的空间限制问题。依托高速通信网络，各个城市之间的人才合作不再受到空间距离的限制，从而大大提高了人才资源共享的实效性。例如，信息技术的发展助推了各地的医疗、教育等部门的合作，为医院开展远程诊断提供了便利，也为教育部门的教学合作提供了更多方便。有些企业在生产过程中遇到的技术难题，也通过信息技术得到了专家的远程指导。这些富有新时代特征的人才共享方式，使人才柔性共享更便捷和高效。

随着远程办公、平台经济等新型工作方式的兴起，人才柔性共享成为适应未来工作变革的必然选择。德勤 2023 年全球人力资本趋势报告多次提到远程工作及其对组织和员工的影响，特别是在“激活未来工作场所”部分，详细探讨了远程工作和混合工作模式的兴起及其对工作场所设计的影响。至少有 3/5 的科技工作者表示，他们有兴趣使用与元宇宙相关的 VR（虚拟现实）设备进行培训和技能提升。

元宇宙和虚拟现实等新技术的发展，正在重新定义工作场所。例如，在工业领域数字化转型的进程中，宝马（BMW）公司积极探索新兴技术的应用，将元宇宙概念引入传统工厂工作环境，借助英伟达（NVIDIA）提供的 3D 协同元宇宙平台，构建了高度拟真的未来工厂数字孪生模型。该数字孪生模型完全在数字空间内进行设计与模拟，从项目起始的规划阶段直至最终的整体呈现，均通过数字化模拟技术实现。其主要应用方向为在虚拟 3D 环境下开展工人培训工作，以及搭建工人之间的远程协作连接。

在这一数字工厂架构中，宝马的全球工作团队得以实现实时协同作业，对工厂进行创新性设计与灵活的重新配置。这一举措不仅为传统的工厂规划流程带来了颠覆性变革，还极大地减少了因工作沟通需求而产生的商务差旅活动。工人通过穿戴动作捕捉设备进入装配模拟车间，记录任务动作，同时可以实时调整生产线设计以优化生产线操作，并符合人体工学和安全性需要。

第二章　人才柔性共享：内涵、模式与机制

第一节　人才柔性共享的内涵阐释

一、人才的内涵界定

对人才内涵的科学界定是人才研究的重要基础。从历史维度看，“人才”概念在我国源远流长，自古就有“人才”一词，《诗经》《论语》《左传》《史记》《汉书》等古代文化典籍中都蕴含了人才思想。《毛诗序》中言及“菁菁者莪，乐育材也。君子能长育人材，则天下喜乐之矣。”，体现了先秦时期对人才教育的重视，强调了人才培养是治国安邦的根本，认为通过教育可以培育出德才兼备的人才，从而推动社会繁荣与长治久安。

到了东汉时期，王充在其所著的《论衡》中进一步深化了对人才的认识，提出“人才高下，不能钧同”“操行有常贤，仕宦无常遇。贤不贤，才也；遇不遇，时也”，不仅揭示了人才能力的差异性，还强调了机遇在人才发展中的重要作用。王充的思想表明，人才的成就不仅取决于其内在的品德和才能，还受到外部环境和机遇的影响。

随着社会进步，人才的内涵不断拓展与深化。新编《辞海》将人才定义为“有才识学问的人，德才兼备之人”，《现代汉语词典》则进一步强调“德才兼备的人，有某种特长的人”。两者均指向人才的核心特质——兼具品德优势与能力稀缺性，凸显其推动社会发展的关键作用。

作为动态演进的概念，人才的定义始终与时代需求同频共振。20 世纪 70 年代人才学兴起后，学界开始以科学范式重构其内涵。其中，王通讯提出的“人才是对社会发展和人类进步进行了创造性劳动的人”被广泛接受。这一定义具有鲜明的时代烙印——将人才范畴聚焦于政治家、科学家、艺术家等杰出个体，反映了工业化时期对“突破性贡献”的推崇。①

随着理论研究与社会实践的深化，学界对人才概念的阐释逐步从单一维度转向系统建构，其内涵与外延在争鸣中不断丰富。王通讯在“创造性劳动”的核心定义的基础上，进一步拓展外延边界，提出“人才是为社会发展和人类进步进行了创造性劳动，在某一领域、某一行业或某一工作上做出较大贡献的人”②。此定义在强调创新本质的同时，将贡献范畴从历史性突破延伸至专业化实践，为技术型、应用型人才纳入理论框架奠定了基础。

叶忠海通过构建“能力—贡献”二元分析模型，将人才界定为“具备专业知识技能，并通过创造性劳动在认识与改造自然社会的实践中产生实质性社会价值的群体”③。该定义首次将“专门知识”与“技术能力”作为人才判定的前置条件，强化了人才评价的客观标准。罗洪铁则引入动态发展视角，聚焦人才的内生特质与持续影响力，提出“人才需兼具优良素质与持续产出创造性成果的能力，其劳动需对社会进步产生可观测的积极效应”④。这一定义突破静态评价范式，将人才成长过程纳入研究视野。

实务界对人才的界定更侧重可量化标准与政策适配性，其操作性定义随时代需求的发展而动态调整，可归纳为以下几个有特点的发展阶段：

其一，标准化阶段。1982 年劳动人事部首次提出“专业人才”的统计口径——“具有中专及以上学历或初级及以上职称者”。该定义以显性资质（学历、职称）为标尺，具有较强的可操作性，便于大规模人才普查与资源配置。

其二，地方差异化实践阶段。20 世纪 90 年代上海等发达地区率先提高标准，将人才门槛设定为“大专及以上学历或中级及以上职称”，反映了区域经济

① 李维平. 对人才定义的理论思考[J]. 中国人才，2010(23)：64 - 66.

② 王通讯. 人才学通论[M]. 天津：天津人民出版社，1985：8.

③ 叶忠海. 人才学基本原理[M]. 北京：蓝天出版社，2005：115.

④ 罗洪铁. 再论人才定义的实质问题[J]. 中国人才，2002(3)：23 - 24.

升级对高素质劳动力的迫切需求。

其三，能力贡献导向转型阶段。2010 年《国家中长期人才发展规划纲要（2010—2020 年）》突破单一资质标准，将人才定义为“具有一定的专业知识或专门技能，进行创造性劳动并对社会作出贡献的人，是人力资源中能力和素质较高的劳动者”①。这是国家目前对人才做出的最具代表性的释义，是对人才的定性描述，标志着人才评价从“学历职称”向“能力—贡献”复合指标的根本性转变。

综上所述，理论界和实务界对人才内涵的界定，主要包含了以下几个要素：具有一定的知识技能储备（专业知识/专门技能）、进行创造性劳动（价值创造方式）、做出社会贡献（社会效益导向）、具有较高的能力和素质（素质能力基准）。这些要素共同构成了人才的核心内涵，既为人才理论研究提供跨学科框架，也为人才政策的制定与迭代奠定操作基础。

二、人才柔性共享的内涵与特征

（一）人才柔性共享的多维内涵

人才柔性共享的理论演进始于高校领域的实践探索，广义上是指高校内或高校间的人才在特定区域内的协作使用；狭义上是指高校内和高校间的师资互通。此后，其内涵随研究深化而逐渐扩展为涵盖宏观、中观与微观的多维系统性框架。不同维度的内涵既独立作用于特定场景，又相互协同形成完整的共享生态。

具体而言，从区域宏观层面看，人才柔性共享是指通过跨区域制度设计与政策协同，实现人才资源的自由流动与高效配置。从用人单位的中观层面看，人才柔性共享是指用人主体通过灵活多样的用人机制，实现“不求所有、但求所用”的人才使用效果。从人才个体微观层面看，人才柔性共享是指在不改变人才原有身份的前提下，通过灵活的形式，使同一人才的智力资源由多个单位或地区共同享有。其具体内涵与逻辑关系如表 2－1 所示。

---

① 中华人民共和国人力资源和社会保障部. 国家中长期人才发展规划纲要（2010—2020）[EB/OL]. [2010－06－06]. https://www.mohrss.gov.cn/xxgk2020/fdzdgknr/qt/201507/t20150724_215737.html.

表 2-1　人才柔性共享多维内涵的具体阐释与协同逻辑

维度	核心主体	主要目标	关键机制	协同关系
宏观	政府、区域	优化人才资源配置	政策协同、跨区域人才流动制度	通过政策为中观、微观共享提供制度保障
中观	企业、高校等组织	促成人才资源在组织间的合作共享	双聘制、联合实验室、项目制合作	将宏观制度落地为具体用人机制
微观	人才个体	实现个人价值最大化	兼职、顾问、远程协作	在宏观与中观框架下选择共享形式

资料来源：根据相关文献整理。

人才柔性共享的多维内涵在实践中往往交织作用，需要通过制度设计、组织协作与个体参与的有机联动方能实现。以粤港澳大湾区河套深港科技创新合作区为例，其创新生态的构建正是宏观、中观、微观三维协同的典型映射。宏观层面上，两地政府联合制定税收优惠、签证便利政策，为人才柔性共享提供制度保障；中观层面上，企业设立联合实验室，共享深港高校科研团队；微观层面上，科学家通过“双城通勤”模式参与两地项目。

（二）人才柔性共享与人才柔性流动

人才柔性共享是颇具中国特色的一种说法，有研究者认为这一提法由中国学者首创，在美国及其他国家并无完全相同的术语。[①] 更多研究者将人才柔性共享等同于人才柔性流动，认为其是人才流动的一种特殊形式。

广义的人才流动可分为刚性流动和柔性流动两大类。刚性流动是指传统的人才流动方式，即人才在流动过程中同步变更人事、户口等关系，强调“人到、户口到、关系到”的彻底流动。而柔性流动则突破了国籍、户籍、档案、身份等传统人事制度的限制，在不改变人才与原单位隶属关系的前提下，以智力服

① 宋成一，刘盈盈. 国内人才共享研究述评[J]. 西北民族大学学报(哲学社会科学版)，2019(3)：136-144.

务为核心，注重人、知识、创新成果的高效开发与合理利用。[①]

“人才柔性流动”的概念最早由人力资源管理学学者赖特（Patrick Wright）和斯内尔（Scott Snell）提出。他们认为，在高度动荡的环境中，企业需要通过柔性策略使员工和组织能力适应变化的竞争需求，柔性是提升组织效率的关键。[②]

柔性流动最显著的特征是采用“关系不转、身份不变、户口不迁”的模式，突破了工作地、工作单位和工作方式的限制，实现了“不求所有、不求所在、但求所用、来去自由”的人才使用效果。这种模式是对传统人才单位所有制、地区所有制和国家所有制的创新，通过更高效的方式配置人才资源，实现人才与生产要素、工作岗位的最佳结合，做到人尽其才、才尽其用。同时，柔性流动秉持“不求所有、但求所用”的原则，盘活现有人才资源。人才柔性流动是应对全球化人才短缺和人才争夺加剧的挑战而形成的一种全新理念，是适应市场经济和人才社会化发展要求的灵活流动方式，可通过政府引导和市场调节实现。

（三）人才柔性共享与人才柔性流动的区别与联系

人才柔性共享与人才柔性流动是既相互区别又紧密关联的一对概念，两者在实践中常呈现“手段—目的”的共生关系。其区别主要体现在概念内涵、应用场景与目标导向上。

概念内涵上的区别：第一，人才柔性共享更强调“共享”的理念，即通过灵活的方式实现人才资源的共同使用和高效配置；而人才柔性流动更强调“流动”的过程，即人才在不改变原有隶属关系的前提下，通过灵活的方式为其他单位或地区提供服务。第二，人才柔性共享更侧重人才智力、知识和创新成果的共享，并非单纯的人才流动；而人才柔性流动更侧重打破传统人事制度的限制（如户籍、档案、身份），实现人才的跨区域、跨单位流动。第三，人才柔性共享是一种更具中国特色的提法，强调在现有体制下通过创新模式实现人才价

① 陈萍.人才柔性流动机制——产学研合作创新的必然选择[J].当代经济，2007(10)：156－157.

② 李明英，张席瑞.中部六省人才柔性流动下的聚集效应研究[J].中国行政管理，2007(4)：43－45.

值的最大化；而人才柔性流动是一个更广泛的概念，起源于人力资源管理领域，强调通过柔性策略提升组织效率。

应用场景上的区别：第一，人才柔性共享更多用于描述一种人才资源的共享机制，如“人才飞地”“离岸孵化器”等模式；而人才柔性流动更多用于描述人才个体的流动行为，如“周末工程师”“兼职顾问”等模式。第二，人才柔性共享强调通过共享平台或机制，实现人才资源的跨区域、跨领域协同；而人才柔性流动强调人才在不改变原有身份的前提下，通过灵活的方式为其他单位提供服务。

目标导向上的区别是，人才柔性共享的目标是通过共享机制实现人才资源的高效配置和最大化利用，更注重整体人才生态的帕累托改进；而人才柔性流动的目标是通过柔性策略提升组织或地区的竞争力，更注重人才个体的使用效率和灵活性。

尽管两者在目标导向、应用场景与概念内涵上存在差异，但其关系可概括为“手段—目标—反馈”的动态循环：

首先，两者互为手段与目标。人才柔性流动是实现人才柔性共享的重要手段，通过柔性流动，人才可以在不同单位或地区之间灵活提供服务，从而实现资源共享。人才柔性共享是人才柔性流动的更高层次目标，柔性共享通过柔性流动的方式，实现人才资源的整体优化配置。

其次，两者具有共同核心理念。其一，两者都强调“不求所有、但求所用”的理念，即在不改变人才原有隶属关系的前提下，最大化利用人才的智力资源。其二，两者都旨在打破传统人事制度的限制，推动人才资源的灵活配置和高效利用。

再次，在实践中，柔性流动和柔性共享常常相互结合。例如，“周末工程师”模式是通过柔性流动实现人才的跨单位服务，进而促进人才资源的共享。“人才飞地”模式是通过柔性共享平台吸引人才流动，实现区域间的人才资源共享。

由此可见，虽然人才柔性共享更注重“共享”机制和整体资源配置，人才柔性流动更注重“流动”过程和个体灵活性，但是两者具有“不求所有、但求所用”的共同核心理念，在实践中常常互相结合，柔性流动是实现柔性共享的手段，柔性共享是柔性流动的目标。

综上所述，人才柔性共享是一种突破时空界限的人才使用方式，其核心要义在于通过灵活的协作机制，打破传统人才流动的刚性约束，实现人才资源的优化配置。这种方式不仅能够缓解区域人才的结构性短缺问题，还能显著提升人才的使用效率，真正实现"人尽其才、才尽其用"的目的。

三、人才柔性共享相关文献及研究趋势

分别以"人才共享""人才柔性共享""人才柔性流动""柔性引才""柔性用才"等为关键词，在 CNKI 平台检索相关文献，选择 CSSCI 和北大核心来源期刊，时间截至 2024 年 12 月 31 日，分析该领域发文趋势。

从相关论文的年代分布来看，国内人才共享研究开始于 1985 年左右，此后 10 年相关研究数量一直徘徊在低位，从 2000 年开始论文发表数量呈现上升趋势。总体而言，2014 年、2019 年、2022 年出现了三个高峰期，特别是 2019 年，论文发表数量创历史新高，表明人才柔性共享相关研究是彼时学者关注的热点之一，但近几年又开始回落，如图 2－1 所示。

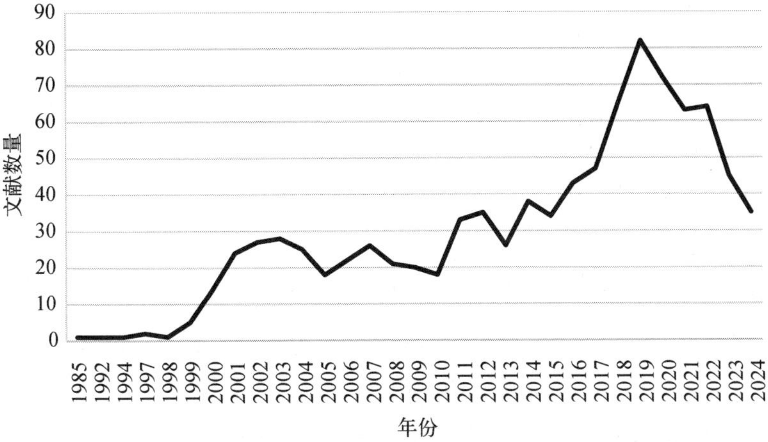

图 2－1　人才柔性共享相关文献年代分布

进一步利用软件对人才柔性共享领域的文献进行图谱可视化分析。在参数设置方面，分析时间为 2005—2024 年，时间切片（time slicing）为 1 年；节点

类型（node types ）选择关键词（keyword）；连线强度用默认值 Cosine；以“人才资源共享”为核心关键词向外拓展，其中“人才共享”“人才引进”“京津冀”“资源共享”“高校”等成为突出关键词（如图 2-2 所示）。

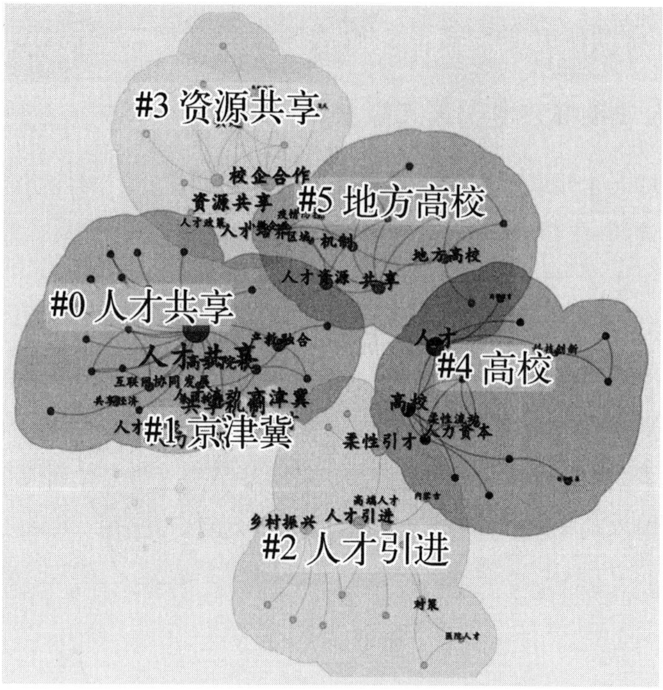

图 2-2　人才柔性共享关键词聚类图谱

通过系统的文献梳理与分析，关于人才柔性共享的已有研究发展可归纳为以下三个阶段：

阶段一：萌芽阶段（2005—2011 年）。在萌芽阶段，研究主要围绕高校和职业院校展开，重点关注兼职教师等初级共享形态。这一阶段研究的显著特点是政策驱动性明显，政府审计、科技人才等关键词的研究强度较高，校企合作和三螺旋理论为后续研究奠定了重要基础。

阶段二：深化阶段（2012—2018 年）。随着研究的深入，区域协同发展成为新的研究焦点，京津冀协同发展研究成为这一时期最具影响力的研究方向。共享经济的兴起推动了人才资源市场化配置的理论创新，同时产教融合与乡村振兴等政策的实施，为人才柔性共享创造了多维应用场景。

阶段三：突破阶段（2019—2024 年）。近年来，关于人才柔性共享研究持续引发关注，发文量在 2019 年达到历史峰值。与此同时，共享机制与互联网＋技术的结合，形成了制度创新与技术赋能的双轮驱动模式。人才强国战略的提出，进一步推动了理论研究与区域实践的深度融合。

从 2005—2024 年人才集聚研究关键词突现演化来看，当前研究呈现出三大热点领域：在共享主体方面，地方高校和医疗机构成为主要载体，政策协同、领域渗透和制度创新构成三大实施路径；柔性流动模式突出表现为兼职教师和校企合作；乡村振兴场景下的特殊需求，特别是医疗人才引进问题，催生了柔性引才与在地化培养相结合的创新实践。

关键词	出现年份	突现强度	突现出现年份	突现结束年份	2005—2024
地方高校	2007	0.98	**2007**	2009	
政府审计	2008	1.29	**2008**	2009	
人才战略	2010	1.21	**2010**	2011	
科技人才	2011	3.35	**2011**	2012	
人力资源	2006	1.18	**2011**	2012	
机制	2013	2.34	**2013**	2014	
高职院校	2013	2.2	**2013**	2014	
兼职教师	2013	1.24	**2013**	2014	
三螺旋	2014	1	**2014**	2017	
校企合作	2011	2.77	**2015**	2016	
共建	2015	1.08	**2015**	2017	
京津冀	2011	8.37	**2016**	2020	
协同发展	2016	2.14	**2016**	2017	
人才资源	2006	0.82	**2017**	2018	
产教融合	2018	0.85	**2018**	2019	
互联网	2015	0.84	**2018**	2019	
共享经济	2019	2.82	**2019**	2020	
协同创新	2019	2.09	**2019**	2020	
乡村振兴	2019	3.27	**2020**	2024	
人才引进	2008	1.47	**2020**	2021	
柔性引才	2018	7.28	**2021**	2024	
共享机制	2011	2.47	**2022**	2024	
互联网+	2022	1.68	**2022**	2024	
内蒙古	2022	1.49	**2022**	2024	
人才强国	2022	0.99	**2022**	2024	

图 2－3　人才柔性共享关键词突现图谱

展望未来，技术驱动、机制创新和政策融合将成为三大主要发展方向。区块链、人工智能等新技术将在人才信用体系和智能匹配平台建设中发挥关键作用；跨区域社会保障衔接、人才共享中的知识产权保护等机制创新亟待突破；人才强国战略下的柔性引才、乡村振兴与城市群发展的供需对接，以及“一带一路”国际化人才共享网络的构建，都将成为重要的政策研究方向。

第二节 人才柔性共享的主要模式

在全球化和数字化的双重驱动下，随着技术迭代加速与产业边界模糊，传统的人才属地化使用模式难以满足创新驱动的需求，“为我所有”逐步让位于“为我所用”的共享逻辑。这一转变的背后，既是应对全球人才竞争加剧的必然选择，也是技术革命对人力资源配置效率的倒逼升级。

学术界基于实践提炼出人才柔性共享的五种主导模式，从短平快的项目式协作到长周期的平台化聚合，从物理空间的离岸布局到虚拟网络的即时触达，不同模式在破解“人才孤岛”、释放人才潜在效能上各具优势。同时，这些模式也并非彼此割裂，而是共同构成多层次、多维度的共享生态系统。

一、项目式共享

（一）基本概念

项目式共享是一种以任务为导向的跨单位、跨地区人才合作模式。围绕特定技术开发或项目攻关需求，不同机构的人才资源通过灵活组建研究团队，形成“借脑创新、融智发展”的合作机制，实现共同研发、技术攻关与利益共享。这种模式突破了传统人才使用的边界，通过动态整合外部智力资源，快速响应市场需求，在解决复杂问题的同时推动多方共赢。

（二）特点与优势

总的来看，项目式共享具有以下三个核心特点：其一，灵活性：人才配置随项目需求动态调整，可快速组建或解散团队，随时共享不同的人才，充分发挥“外脑”的作用，[①]合作期限可通过合同灵活约定，适应技术迭代与市场变化。其二，无边界性：成员可来自企业、高校、科研机构甚至跨国团队，打破地域和单位限制。其三，任务导向性：以解决具体问题为目标，通过资源高效重组实现精准协作，避免资源冗余。

同时，项目式共享也体现了一些显著优势：其一，优势互补与技术跃升：多元背景成员协作激发创新思维，实现技术交叉融合。其二，人才培养与本土化赋能：外部专家通过项目合作带动本地团队成长，形成“以干代训”的实战化培养路径。其三，快速响应竞争需求：面对突发技术挑战或市场机会，直接引入成熟资源应对“快鱼吃慢鱼”的竞争挑战，显著缩短问题解决的响应周期。

二、租赁式共享

（一）基本概念

租赁式共享是指用人单位通过人才租赁机构选聘急需的某种专门人才，并由租赁机构承担人事管理（如薪酬发放、社保缴纳、档案托管等）的一种灵活用工模式。其本质是“用人不养人”，实现人才使用权的临时性转移。租赁式共享于20世纪70年代起源于美国，最初用于解决企业季节性用工需求。1996年引入我国，初期以外企和跨国机构为主，2010年后随着灵活用工政策的完善与快速发展，实现了从无到有、从小到大的高速发展。近年来，在数字化发展的驱动下，诸如“猪八戒网”等零工经济平台推动租赁式共享向精准化、即时化演进。

（二）特点与优势

租赁式共享通过权责分离、灵活用工、合规保障三大特点，实现了人才资源配置的效率革命：其一，“用人不管人”的权责分离：用人单位聚焦人才使用，租赁机构承担人事管理，实现专业化分工。其二，高度灵活性：用人单位

① 杨小婉，朱桂龙，吕凤雯，等.产学研合作如何提升高校科研团队学者的学术绩效？——基于行为视角的多案例研究[J].管理评论，2021，33(2)：338－352.

可以按需租赁、即时退出，适配项目制、季节性等非固定用人需求。其三，合规性保障：租赁机构作为法律主体，用人单位可以规避社保缴纳争议、劳务纠纷等用工风险。

租赁式共享的优势也特别明显：其一，组织降本增效。不仅减轻了 HR 行政负担，而且用人单位通过租赁协议明确责任归属，减少了劳动仲裁风险。其二，人才资源配置优化。对个体来说，通过租赁平台可以对接多元需求；对组织而言，通过灵活工作安排和人才共享，能够更高效地利用各种人才资源。其三，成本削减。通过租赁式共享人才可以降低组织搜寻、签约、管理人才的成本。其四，中小企业通过租赁获取关键人才资源，突破规模限制。

三、外包式共享

（一）基本概念

外包式共享是指组织将自身无法完成的单项性、临时性管理职能或技术项目，以协议形式委托给科研单位、高等院校或专业机构完成，通过明确任务目标、质量标准及报酬的方式实现资源外部化配置。其本质是“非核心业务外部化”，以释放组织内部资源，聚焦核心能力。早期外包集中于后勤、生产等基础性、重复性工作。随着人才柔性共享理念普及，外包范畴扩展至研发、数据分析等高附加值领域，出现越来越多的“脑力外包”①。

（二）特点与优势

外包式共享的核心特点主要体现在以下三个方面：其一，灵活性与按需定制。根据任务需求动态选择合作方，协议周期可短可长。其二，专业化分工。外包机构凭借领域专长提供标准化或定制化服务。其三，风险可控性。通过协议明确权责，降低执行不确定性。

其优势主要体现在以下三个方面：其一，降本增效，提升资源利用率。在社会分工日益细化的趋势下，外包模式有利于组织高效整合外部优质资源，通

① 王全纲，袁兴国. 软件服务外包人才培养路径探析——基于校企协同培育机制的探索[J]. 中国教育学刊，2017(增刊 1)：20－23.

过资源共享降低运营成本，从而提升核心竞争力。正如颜世清指出，专业外包团队凭借领域深耕经验，能显著提升任务执行效率与质量。[①] 相关研究数据显示，采用“非核心业务外包法”的企业，其人力资源利用率平均可提升约 5%。[②] 上海张江科学城创业者陈力团队利用张江的共享科研设施和人才，成功研发出全球首款糖尿病口服新药多格列艾汀片。其研发涉及 17 大类临床试验和 6 大类动物实验，逾九成采用研发外包形式，委托上海药物研究所等 30 多家单位共同完成，参与实验的第三方研发人员超过 200 人。[③] 其二，聚焦核心业务，增强竞争力。根据“二八原则”，组织 80%利润通常由 20%核心业务创造，外包非核心工作可释放内部资源，专注于战略创新。比如，华为将部分芯片封装测试外包，集中资源攻克 5G 基带技术。其三，细化社会分工，提升整体运行效率。分工的进一步细分是技能的专业化和运行效率提升的保障，外包式共享也必然促进社会整体运行效率的提高。

四、兼职式共享

（一）基本概念

兼职式共享是指企事业单位的各类人才在不影响本职工作、不侵犯单位知识产权与商业秘密、不冲击单位经济利益、不损害社会和公众利益的前提下，通过跨组织兼职服务获取额外报酬的一种人才资源共享模式。其核心是“一才多用”，通过智力复用实现人才价值的最大化。在国外，兼职模式成熟且普及，被视为优化人才配置的常规手段。例如，日本曾提出“交叉任职制度”，鼓励科研人员在研究机构、大学和企业间进行流动，科研人员、原任职方和调职方三方可以共同签署《调职协定》。[④] 美国的产学研结合紧密，鼓励教师到企业“兼职”，校企之间的人才柔性流动明显，兼职教师比例高。美国《教育统计年鉴 2019》的数据显示，美国高等教育机构 150 万教职工中，专职约 80

① 颜世清. 国际化视域下的高职服务外包人才培养创新[J]. 教育与职业，2017(21)：106-112.

② 许统邦，涂台良. 怎样提高人力资源利用率[M]. 广州：华南理工大学出版社，1999.

③ 刘士安，戴林峰，黄晓慧. 构建开放创新生态上海张江活力四射[N]. 人民日报，2022-12-09(13).

④ 张璇. 牢固树立柔性引才理念[N]. 中国组织人事报，2016-04-25(3).

万人，兼职约 70 万人，自 20 世纪 90 年代以来兼职教师比例总体呈上升趋势。①

在我国，曾认为兼职会削弱本职贡献，政策上一度不予鼓励，直到 20 世纪 80 年代才被正式认可。当前，政府对兼职市场的态度越来越开放，各地纷纷出台有关政策支持兼职，可兼职人员范围也趋于扩大。有关部门对兼职的态度，走过了一条从“种种限制”到“无所作为”，再到“公开鼓励”之路。在兼职队伍中，除了高校和科研院所的专业人员，也有企事业单位学历高、专业精的高级专门人才。

（二）特点与优势

兼职式共享的核心特点主要体现在以下三个方面：其一，身份双重性。人才保留原单位劳动关系，同时通过契约与其他组织建立服务关系，如高校教授兼任企业技术顾问。其二，智力复用性。知识技能跨场景应用，实现“一次投入、多次产出”。其三，风险可控性。通过协议明确权责边界，如保密条款、竞业限制等，规避利益冲突。

该共享模式也兼具了如下一些优势：其一，提升人才综合能力，培育复合型创新主体。兼职式共享通过跨领域实践重塑人才能力结构。以《科学：无尽的前沿》报告而一举成名的范内瓦·布什为例，其兼具教授、企业家、政策顾问等多重身份，推动了二战后美国科研体系的革新。其二，加速科研成果转化，构建产学研闭环。兼职式共享模式能够加速科研成果从实验室到市场的转化。比如，高校教师通过兼职参与企业研发，能够将科研成果应用于实际生产，推动技术创新和产业升级，大幅压缩技术市场化周期。其三，多方共赢，优化创新生态系统。从大学的角度看，通过教师兼职引入企业研发资金，能够反哺实验室建设；对于企业而言，通过兼职人才解决技术难题，能够降低研发成本，目前各地都在出台政策鼓励民营企业聘用高校教师和科研人员担任“科技副总”；对于社会来说，兼职经济催生灵活就业岗位。

---

① 邵琪，张义民. 斯坦福大学教师队伍建设的关键举措、特征及启示[J]. 教育文化论坛，2022，14(2)：55－61.

五、候鸟式共享

（一）基本概念

候鸟式共享是指“不迁户口、不转关系、来去自由”，像候鸟一样飞来飞去，跨国界或地区进行工作的人才共享方式。候鸟式共享在早期主要针对国外人才。① 为引进人才，我国实施了大规模的引才计划，大量“海归”人才选择回国就业。然而，有部分人才受限于某些因素，无法回国发展，国内的发展又离不开此类人才，候鸟式共享应运而生。不定期回国工作，因需求往返海内外，这种共享模式，为高层次海归人才提供了发挥才能的便利渠道。

（二）特点与优势

相比其他的共享形式而言，候鸟式人才共享具有明显的时空特色：第一，空间上的跨区域性。“工作在这里，生活在别处”是候鸟式共享的基本特征。候鸟式人才往往不像留鸟那样扎根在一处，而是似候鸟般飞来飞去，几处奔波。比如，有专家这样形容为西部建设做出贡献的候鸟型专家，“他们就像候鸟一样，随着各种开发建设项目大举西进，然后在工程告一段落之后又返回东部”。② 第二，时间上的“季节性”。人才是候鸟，工作时间也有很强的“季节性”。比如，很多海归人才像度假一样来国内进行“季节性”工作；有些“候鸟教授”也借国外高校放假的机会，“飞”到国内高校进行短期的教学工作；西部地区所期盼的高级人才的“候鸟式”流动模式同样具有很明显的“季节性”。

候鸟式共享模式具有以下优势：其一，显著降低引才成本。针对区域发展普遍面临的高端人才短缺问题，候鸟式共享通过灵活引智机制实现低成本解决方案。例如，以非全职聘用方式引进海外各类学科带头人、高新技术人才等区域普遍匮乏的海外高层次人才，有效缓解了地方高端智力资源不足的压

① 吴蓓，王文奎，李艳玲. 人才多渠道柔性利用的核心理念和基本形式[J]. 科技进步与对策，2009，26(24)：184－186.

② 聂宁帆. 西部地区出现“候鸟”型人才流动模式[N]. 中国高新技术产业导报，2001－04－10(5).

力。其二，有效缓解高端人才供需矛盾。以长三角地区为例，通过构建“飞人计划”“候鸟政策”等柔性引才体系，重点吸引兼具技术研发、商业运营与管理能力的复合型人才，配套建立国际专家资源共享平台，形成“候鸟式”“双栖式”等多样化流动机制，成功引导海内外创新要素向区域集聚。其三，实现智力资源高效配置。该模式突破传统人才属地化管理的局限，通过阶段性智力输出与远程协作，使人才无需长期驻留即可贡献核心价值。例如，海外专家通过周期性技术指导、远程项目协作等方式，在保持原有工作生活状态的同时，持续为区域创新发展注入动能，显著提升人才使用率。

六、五种人才柔性共享模式的三维特征分析

以上五种人才柔性共享模式可以用“时间—空间—关系”的三维分析框架予以归纳（如表 2－2 所示）。其中，时间维度聚焦协作周期，涵盖短期、中期、长期及周期性的灵活衔接；空间维度区分物理邻近（本地产学研）、虚拟协作（全球外包）与跨境流动（候鸟往返）的混合布局；关系维度界定共享类型，包括契约型（租赁/外包的协议约束）、身份型（兼职的双重隶属）和任务型（项目的目标驱动）。

表 2－2　人才柔性共享模式的三维分析

维度	分类指标	适配关系
时间维度	协作周期： 短期 中期 长期 周期性（间断重复）	项目式共享：短期（随项目起止） 租赁式共享：短期—中期（按需租赁） 外包式共享：中期—长期（持续业务委托） 兼职式共享：长期（稳定兼职关系） 候鸟式共享：周期性（季节性/定期往返）
空间维度	空间形态： 物理邻近 虚拟协作 跨境流动 地理范围（本地/跨区域/跨国）	项目式共享：跨组织/跨境（实体＋虚拟混合） 租赁式共享：本地/跨区域（依赖平台虚拟匹配） 外包式共享：虚拟协作主导（全球价值链分工） 兼职式共享：物理邻近为主（区域产学研合作） 候鸟式共享：跨境流动（空间锚点切换）

续　表

维度	分类指标	适配关系
关系维度	共享类型： 契约型（正式协议） 身份型（多重隶属） 任务型（目标驱动）	项目式共享：任务型（目标导向临时网络） 租赁式共享：契约型（三方协议约束） 外包式共享：契约型（服务等级协议） 兼职式共享：身份型（双重组织身份） 候鸟式共享：混合型（契约＋身份）

资料来源：根据相关文献整理。

这些模式通过多维组合形成多元共享生态：微观层面，“候鸟专家＋项目制”可以突破知识流动壁垒；中观层面，平台化聚合提升供需匹配效率；宏观层面，制度创新催生长三角 G60 科创走廊等区域人才共享圈，实现从个体协作到系统联动的跃升。

第三节　人才柔性共享机制

人才柔性共享的成功实施离不开系统性机制的支撑。无论是短期的项目协作，还是长期的平台聚才，其效能发挥均依赖于动力激发、运行协同与制度保障的有机统一。通过动力机制、运行机制、保障机制与产出效益联动设计，是促进人才资源有效共享的关键。

一、人才柔性共享机制的基本内涵

“机制”一词最早来自希腊文，意为“结构”或“装置”。《现代汉语词典》将其定义为“一个复杂的工作系统和某些自然现象的物理化学规律”。最初，该概念主要用于自然科学领域，描述机械结构与物理机能的相互作用“机制”。随着学科交叉发展，逐渐扩展至心理学、哲学、经济学等社会科学领域，内涵得到丰富和延伸，主要是指复杂系统中各要素以一定的方式相互联结、相互制约而形成的具有相对稳定性、适应性、可操作性，能体现规律性，且可持续发展的调控方式和运行模式。

人才柔性共享机制是指人才柔性共享的基本构成要素在运行过程中发生

的相互作用及其调节功能。[①] 人才活动由相互关联和制约的基本构成要件组成，这些要件的协调组合方式决定了人才柔性共享活动的功效发挥。因此，人才柔性共享机制也可以理解为区域为了提升人才使用效能，将人才活动过程中各个构成要件按照一定原则和方式进行优化组合，使它们相互协调、相互制约而形成一套具有相对稳定性、适应性、可操作性的能体现规律性又可持续发展的运行模式的总称。

二、人才柔性共享机制的结构模型

有学者认为，在实践运作过程中人才柔性共享机制主要包括以下两大类具体形式：一类是人才柔性共享的微观生成机制，另一类是人才柔性共享的宏观调控机制。[②] 在人才柔性共享的运行机制中，微观生成机制是对人才柔性共享的直接调节，发挥基础性作用，需要进一步强化并放大其功能；宏观调控机制是对人才柔性共享的间接调节，对微观生成机制起补充作用。

之后又有研究者进一步把人才柔性共享机制的宏观调控机制和微观生成机制细化为动力机制、调控机制、约束机制和产出机制等四个方面，[③]并对动力机制、调控机制、约束机制和产出机制四大内容做了定义和阐释。基于以往研究基础，在此提出包括动力机制、运行机制、保障机制和产出效益等内容的人才柔性共享机制的四维模型。

(一) 动力机制：政策牵引力、市场驱动力与个体内驱力耦合

"动力"概念源于物理学，原指驱动机械做功的作用力，如水力、风力、电力等，后经学科迁移延伸至社会科学领域，意指"导致事物运动与发展发生变化的推动力量"。在管理学视域下，动力机制可定义为："推动事物运动、发展和变化的理论的作用机理、作用过程和作用方式。"聚焦人才柔性共享领域，其动力机制主要从政策牵引力、市场驱动力和个体内驱力三个方面体现。

政府的政策牵引构成人才柔性共享的基础性驱动力。通过人才流动规

---

① 郭庆松. 长三角人才共享机制：问题与对策[J]. 社会科学，2007(5)：21－27.
② 郭庆松，赵建平. 长三角人才共享研究[M]. 北京：中国人口出版社，2006：76.
③ 刘追. 丝绸之路经济带背景下新疆人才共享机制研究[J]. 行政论坛，2017，24(1)：102－106.

范、社保互认机制等政策工具，行政主体能够有效降低跨区域协作的制度性壁垒。政府的政策引导是人才柔性共享最有效的外在动力，也是其他各种机制能否发挥作用的关键，即使人才柔性共享的需求再迫切，如果政府不支持、政策不配合，人才柔性流动仍会步履维艰。①

市场驱动力根植于组织层面的成本收益分析，当共享行为的边际收益超过边际成本时，柔性共享机制便具备实施可行性。对于人才输出方而言，其决策逻辑体现为对人力资源投入产出的战略性考量：组织在人才培养过程中积淀的沉没成本，通过共享机制可转化为可量化的组织资本。当人才在共享过程中产生的知识溢出效应、合作网络扩展及资源反哺价值超过人才培养维护成本时，组织便具有推动共享的动力。比如，制造业企业通过"工程师共享计划"实现技术成果转化与用工成本优化的双重目标，共享行为具备经济合理性。

对于人才输入方来说，共享决策源于对资源获取模式的效率比较，相较于全职雇佣的固定成本约束与长期契约风险，柔性共享模式能以弹性化模式精准匹配项目需求。实践证明，采用共享策略的企业在降低用人成本的同时，显著提高了资源配置灵活性，构成了人才柔性共享机制落地的直接动力源。

人才参与共享的内驱力主要可归纳为职业资本增值和边际收益创造两个方面。一方面，高层次人才凭借其知识资本与专业技能，往往具有强烈的成就动机，通过跨组织、跨领域共享，人才可突破单一岗位限制，积累多元化经验，对事业发展的追求和自我价值实现需求是人才参与共享的内部驱动力。② 另一方面，在保障本职收入稳定的前提下，人才通过共享可以获得额外收益，这种经济理性进一步强化参与意愿。

（二）运行机制：激励促动、评价导向、协同分工联动

运行机制是人才柔性共享从理念构想转化为实践效能的关键，旨在解决"为何参与"（激励）、"如何衡量"（评价）、"怎样合作"（协同）三大核心问题，其

① 陈万明，赵蕾. 长三角人才开发一体化的动力机制探讨[J]. 南京工业大学学报（社会科学版），2006(4)：35－39.

② 陈亮，石晓飞. 京津冀人才柔性共享机制研究[M]. 北京：人民出版社，2021：13.

本质是通过制度设计打破传统组织边界，对人才引进、使用、流动等过程进行调节和控制。基于实践提炼，人才柔性共享运行机制可从激励机制、评价机制与协同机制三个维度加以构建。

首先，激励机制是人才柔性共享机制的核心引擎，聚焦于如何充分调动人的积极性和创造性这个永恒主题。美国心理学家威廉·詹姆斯的经典研究揭示了激励的倍增效应：按时计酬的员工仅能发挥其能力的 20%—30%，而受到充分激励的员工的能力可以发挥至 80%—90%，其发挥的作用在受到充分激励后提升了 3 倍至 4 倍。①

比如，高校作为培育科创企业的重要载体，长期面临着科技成果转化积极性不高的困境，这直接导致高质量科技成果供给匮乏。近期，以师范专业闻名的华东师范大学在科创领域成功破圈。作为全国首个推行科技成果全部所有权赋权的高校，华东师范大学创新性地实施了科研人员“先赋权后付钱”机制。在此机制下，科技成果作价形成的股份全部归科研人员所有，若后续创业企业发展良好，只需向学校支付赋权成果总价的 30%；若企业经营不善，还可将专利转回以抵销债务，极大地减轻了科研人员的创业压力。实施“100%全赋权”改革后，学校教师的创业热情被空前激发。成果转让金额从改革前的年均 700 万元，大幅跃升至 2024 年的 4.76 亿元，增长近 700 倍。同时，学校科研人员利用职务科技成果新设企业近 40 家，其中“全赋权”转化项目达 6 个，②充分彰显了制度创新所带来的裂变效应。

其次，评价是指挥棒，有什么样的评价机制，就会有什么样的表现和活动。科学客观地评价人才，是充分发挥人才工作积极性和创造性的基础。习近平总书记明确指出：“要创新人才评价机制，建立健全以创新能力、质量、贡献为导向的科技人才评价体系，形成并实施有利于科技人才潜心研究和创新的评价制度。”③

党的二十届三中全会以来，各地在统筹推进教育科技人才体制机制一体

① 苏东水. 管理心理学(修订版)[M]. 上海：复旦大学出版社，1993：225.

② 佚名. 闵行：首创改革打造创新发展新引擎——“大零号湾”加快形成科学家敢干、资本敢投、企业敢闯、政府敢支持的创新生态[N]. 文汇报，2025－03－04(特 9).

③ 习近平. 习近平谈治国理政 第三卷[M]. 北京：外文出版社，2020：253.

改革，促进人才交流共享方面做了诸多探索，其中，建立科学的人才评价机制，已经成为推进人才体制机制改革的重点，也是完善人才柔性共享运行机制必不可少的条件。比如，在新型研发机构中，如何让"双聘"人才留得住、干得好，是亟待解决的重要问题。"双聘"人才拥有实验室研究员和大学教授的双重身份，以往，成果的认定和归属问题一直是困扰他们的难题。白马湖实验室与浙江工业大学积极开展评价机制改革，推行成果互认政策，充分兼顾高校、实验室以及人才三方的权益，极大激发了"双聘"人才的工作积极性，为科研创新注入强劲活力。

再次，协同机制是指，通过政府层面或者非政府层面的联系和合作推动和达成人才柔性共享，主要包括政府层面的协同机制、非政府层面的协同机制以及政府与非政府层面的协同机制等三个方面的联动和协调。[①]

以城市群功能分工为例，在长三角、大湾区等区域规划中，明确了飞入地聚焦研发、飞出地承接制造的协同定位。这种定位充分发挥了各地区的比较优势，实现了人才与产业的精准匹配。研发型人才汇聚于飞入地，借助当地丰富的科研资源和创新氛围，专注于前沿技术研发；而飞出地凭借完善的制造业基础和产业配套，吸引大量应用型人才，承接制造环节的任务。在这一过程中，通过政府层面在区域政策制定、产业布局引导等方面的主导作用，以及非政府层面企业间的产业协作、人才交流等活动，实现了人才在不同功能区域间的柔性共享，有力推动了区域经济的协同发展。

（三）保障机制：技术支撑、平台保障与知识产权保护护航

保障机制在推动人才柔性共享实践中发挥着举足轻重的作用，通过技术支撑、平台保障与知识产权保护为人才柔性共享筑牢坚实根基。在技术支撑层面，创建人才资源共享、信息资源联动的有效载体，加快人才信息网建设，形成集区域人才动态信息、管理服务于一体的信息交换模式，为人才柔性共享提供精准高效的数字化基础设施。也可以通过 5G 网络和数字孪生技术搭建云

---

① 佟林杰，孟卫东. 环渤海区域人才共享机制的瓶颈因素及对策研究[J]. 科技管理研究，2013，33(21)：91－94＋99.

端协同办公平台与虚拟实验室，让人才可远程参与项目攻关等共享活动，真正实现“人才流动不挪岗、智力输送不断线”的创新生态。

平台保障在人才柔性共享中至关重要。通过搭建人才活动交流平台、人才柔性引进平台、人才事业发展平台等，为人才柔性共享构筑起全方位、多层次的支撑体系。借助高端国际学术会议、项目合作会议等契机搭建人才活动交流平台，为顶尖人才交流创造契机，助力柔性引才。加快人才柔性引进平台建设，持续完善企业院士专家工作站、博士后工作站等传统优势平台，同时积极推进海外孵化器、研发飞地等新型平台建设。优化人才事业发展平台，为柔性引进人才提供广阔发展空间，促进其充分发挥作用。

知识产权保护方面，美国之所以能够成为人才大国，有两条非常重要的经验：一是知识产权保护制度。在美国 200 年的历史中，颁发了近 500 万项专利。人才创造的价值可以及时得到社会承认和保护。二是人才自由流动的市场机制。美国汇聚了全球近 80％最具实力的人才中介公司及猎头公司，凭借成熟的人才自由流动市场机制，进一步促进了人才资源的优化配置，为人才柔性共享营造了良好的生态环境。[①]

完善的保障机制将技术支撑、平台保障与知识产权保护紧密融合，为人才柔性共享提供全方位、多层次的支持，助力人才在流动中充分发挥价值，推动社会创新发展。

（四）产出机制：直接效益和间接效益的权衡

产出机制主要包括直接效益和间接效益两个方面。直接效益是指人才柔性共享对人才个体、用人单位和区域所产生的直接影响。人才个体通过柔性共享，打破流动壁垒，获取额外经济报酬，接触多元资源，满足自我实现需求。用人单位借助该机制，以低成本引入外部人才，弥补内部短板，提升创新与竞争力，尤其对中小企业意义重大。区域方面，人才柔性共享能精准缓解因产业结构差异造成的人才结构性矛盾，优化人才资源配置，促进区域经济协调发展。

---

① 任采文．更加注重柔性引才用才[J]．中国人才，2016(3)：2－3.

间接效益是指人才柔性共享的溢出效应。当人才柔性共享规模化发展时，其影响力辐射至区域经济、文化和教育领域。在区域经济领域，大量人才汇聚激发创新，催生新兴产业，推动产业升级，如高新技术产业园区吸引高端研发人才，带动产业集群发展。在文化领域，人才流动促进不同文化交流碰撞，丰富当地文化内涵，提升文化软实力。在教育领域，高校和科研机构柔性引进行业精英，将实践经验带入课堂，提升人才培养质量，促进教师教学科研水平提升。

综上所述，人才柔性共享机制的结构可以用图 2－4 表示。

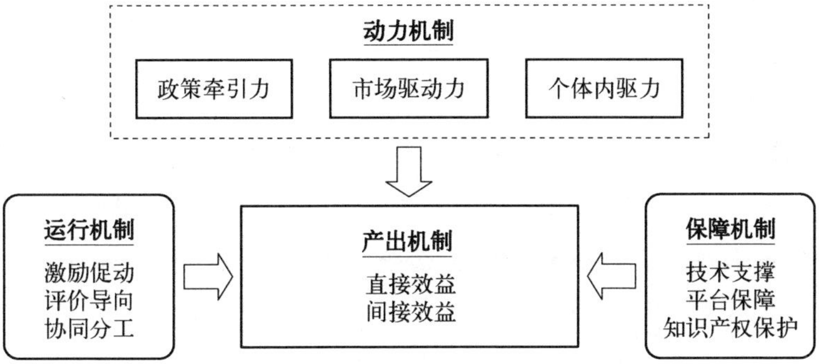

图 2－4　人才柔性共享机制

第三章　人才柔性共享的理论基石：为什么柔性共享是未来趋势？

当前，全球新一轮科技革命和产业变革加速推进，大国竞争向高科技领域纵深发展，关键核心技术博弈愈演愈烈，传统人才配置模式的制度刚性与空间约束已难以适应开放创新生态系统的需求。人才柔性共享从“为我所有”到“为我所用”的范式转变，本质上反映了复杂多元的驱动因素：一方面，全球人才竞争日益加剧，使得各类主体面临严峻挑战，迫使人们必须突破传统的所有权思维定式。通过构建灵活的人才合作网络，引入外部专家顾问团队等方式，积极应对关键人才缺口，以在激烈的全球竞争中抢占先机。另一方面，数字技术蓬勃发展，借助云计算强大的存储与运算能力、便捷的线上协作平台，打破了时间与空间的限制，为人力资源的跨组织再配置提供了坚实的技术可行性，让人才能够突破地域与组织边界，实现更高效的合作与共享。

本章将梳理与人才柔性共享相关的理论，为理解柔性共享是未来人才使用趋势奠定基础。总的来说，人力资本理论、创新生态理论、人才集聚理论等构成了人才柔性共享的理论支点。

第一节　人力资本理论

一、人力资本理论及其发展

人力资本理论萌芽于从经济学的视角认识人的经济价值。早期思想可以追溯至古希腊思想家柏拉图的著作《理想国》，他认为教育和训练具有一定经济价值。之后，人力资本思想散见于威廉·配第、亚当·斯密等古典经济学代表人物的著述中。1776 年，亚当·斯密在《国富论》中提出，经济的增长主要表现为社会财富的增长和国民财富的增长，财富的增长主要来源于两个条件：专业分工促使劳动生产率的提高，劳动者数量的增加和质量的提高。[①]

李嘉图、穆勒以及弗里德里希·李斯特等古典经济学家，在继承亚当·斯密劳动价值论的前提下，对相关理论展开了更加深入的阐释。他们主张个体及其所具备的技能应纳入资本范畴，强调劳动是创造价值的重要源泉之一，从而肯定了人力资本的关键意义。虽然研究者们并未真正将人力视作资本，也反对运用相关方法开展任何计算。所有这些关于人力资本的思想，为后来研究筑牢了根基，在人力资本理论的形成与发展中发挥了举足轻重的作用。

经典的人力资本理论诞生于 20 世纪 60 年代，发轫于研究者们对资本概念的泛化与深入解读。[②] 其代表人物为“人力资本之父”舒尔茨。在破解战后经济复苏的现象时，西奥多·舒尔茨敏锐地洞悉到传统经济理论的解释困局。当主流研究聚焦于自然资源、物质资本与劳动力规模等显性要素时，他却发现这些指标无法完全解释 20 世纪中期的“增长方程式”。舒尔茨放弃了新古典经济学关于资本同质和劳动力同质的假设，他将研究视域转向曾被忽视的“人力资本”维度，由此解开了困扰学界的“增长剩余之谜”。

1960 年，舒尔茨在美国经济学会发表题为“人力资本投资”的演讲，系统论证了劳动者知识储备、技能水平与健康素质等无形资本对经济发展的乘数效应，开创性地构建起人力资本理论框架：通过教育收益率测算将抽象概念转

① 孙健，于波强．人才集聚中的动态均衡机制研究[J]．科技进步与对策，2010，27(5)：145－149.
② 李晓曼，董金宇，牟俊燕．数字经济时代的人力资本[J]．人口与经济，2025(1)：20－33.

化为可量化模型，更为严谨的计量分析可以揭示教育投资对 GDP 增长的弹性系数。其革命性论断“人力资本增值对经济成长的贡献率远超物质资本”如惊雷般震撼学界。舒尔茨因其在人力资本理论方面的贡献，荣获了 1970 年的诺贝尔经济学奖，被誉为“人力资本之父”。

之后，贝克尔、明赛尔、尼尔森等经济学家从不同视角对人力资本理论加以论证。20 世纪 80 年代后期，全球经济一体化步伐加快，各国经济竞争越发激烈，发展中国家也在积极探寻新发展路径，在此背景下，有关人力资本与经济增长关系的研究迈入新阶段。1986 年，保罗·罗默发表《收益递增经济增长模型》，提出罗默模型，此模型让技术进步实现内生化。罗默把知识当作独立要素融入经济增长模型，指出知识积累是推动现代经济增长的重要因素。鉴于知识具有外溢性，资本收益率成为资本的递增函数，这一观点修正了传统增长理论中收益递减或不变的假设，很好地解释了当下世界经济高速增长的现象，也阐明了发达国家与发展中国家经济差距不断拉大的原因。卢卡斯则将经济增长归结于人力资本的溢出效应，进而提出卢卡斯模型。该模型的本质为“专业化人力资本积累增长模式”，揭示出人力资本增值速度越快，部门经济产出增长就越快；人力资本增值幅度越大，部门经济产出规模就越大。同时，卢卡斯区分了人力资本产生的两种效应，即舒尔茨所提及的通过正规和非正规教育形成的人力资本带来的“内部效应”，以及通过“边干边学”形成的人力资本产生的“外部效应”。

二、人力资本的基本特征

作为现代经济增长的核心要素，人力资本既有资本的一般属性，也有其特殊性，总的来说，其基本特征主要有以下几个方面：

首先，人力资本具有增值性。如同物质资本投入生产活动后，企业期望获得更多产出从而实现价值增值一样，对人力资本的投入，例如通过教育、培训、健康投资等，能够提升个体的知识和技能水平，进而使个体在劳动过程中创造出高于投入成本的价值，实现人力资本的增值。

其次，人力资本具有异质性。由于先天秉赋、后天成长环境、教育经历、工作经验等方面的差异，不同个体人力资本呈现多维异质性特征。例如，在智力天赋领域，一些人对数字极为敏感，在数学方面极具天赋，能够迅速理解并掌握复杂的数学理论与运算逻辑；而另一些人则在动手技能方面表现卓越，擅长通过实践操作掌握各类技术，如机械维修、手工制作等，能够凭借精湛的技艺打造出高品质的产品或完成复杂的维修任务。

再次，人力资本具有创新性。人作为人力资本的载体，具备主观能动性和创造性思维。在知识经济时代，个体凭借自身知识、技能与创造力，突破传统思维定式，在生产、管理、服务等各个领域提出新的理念、方法与技术。以高科技行业为例，研发人员通过持续的技术迭代与颠覆式创新，开发出具有创新性的产品，不仅为企业开拓新的市场空间，创造巨大经济效益，而且推动了行业技术进步。这种创新性使得人力资本成为推动经济发展与社会进步的核心动力之一。

最后，人力资本具有流动性。这一特性使得人才资源能够在空间和行业维度实现动态优化配置。从空间维度来看，人才遵循“梯度流动”规律，即从经济欠发达地区向产业集聚、机会丰富的发达地区迁移。从产业维度来看，人才呈现出从传统产业向数字经济、绿色经济等新兴领域转移的态势，这种结构性流动往往伴随着技能升级和职业转型。在企业层面，人才的流动则表现为基于职业发展规划与企业成长性的双向选择过程，人才通过市场化流动实现人力资本增值，企业则通过人才竞争优化组织效能。这种多层次的流动不仅提升了人力资本的配置效率，而且通过知识溢出和技术扩散，持续释放人才的创新创造活力。

三、人力资本理论视角下的人才柔性共享

在人力资本理论框架下，人才被视作具有特殊价值的资本，其具备的知识、技能以及经验等要素，能够在经济活动中发挥关键作用，为国家和社会创造巨大的财富与价值。

投资人才就是投资未来。比如，华为的企业发展与人才战略紧密相连。人力资本已经成为华为稳固行业领军地位的核心驱动力。任正非在 EMT (executive management team，经营高管团队)会议上讲话时指出，华为若要打赢未来的技术与商业战争，创新是必经之路，而创新离不开世界顶尖人才。为

从世界各地招揽优秀大学生，让这些天才“如泥鳅般，钻活华为的组织，激活华为的队伍”，华为为他们提供了丰厚的年薪，部分大学生甚至在大二时就收到华为的录用通知。华为极为重视引进全球优秀人才，2021 年任正非接受相关媒体采访时曾提及，“新西伯利亚国立大学的学生连续六年在世界计算机竞赛中斩获冠军、亚军，然而所有冠军、亚军都被谷歌以高于我们五六倍的工资挖走。从今年起，我们要开出比谷歌更高的薪酬，将他们吸引到俄罗斯本土开展创新工作，与谷歌展开人才争夺”。①

不仅如此，人才柔性共享方式还促进了人力资本价值提升、人力资本优化配置以及创新活力激发。

首先，人才柔性共享有力地促进了人力资本价值的提升。在传统人才使用模式下，人才局限于组织内部，知识与技能的施展空间相对狭窄，其能力提升速度受限。而通过柔性共享机制，人才能够在不同组织、不同项目间灵活流动。例如，一位具备先进信息技术研发能力的高端人才，不仅能够在本单位内部主导关键项目，还能够利用业余时间或以短期合作形式，投身于其他组织的相关项目中。这使人才得以接触更多元化的技术难题与解决方案，加速知识更新，拓宽技能边界，从而实现人力资本价值的快速增值。

其次，人才柔性共享推动了人力资本的优化配置。由于各组织对人才的需求在时间和空间上呈现出不均衡态势，部分企业在特定项目周期内，对某类专业人才需求骤增；项目结束后，这些人才则可能面临闲置状态。人才柔性共享打破了这种供需矛盾，能够依据不同组织的实际需求，动态调配人才资源。

再次，人才柔性共享激发了创新活力。当不同组织的人才通过柔性共享实现交流与合作时，知识与技术的碰撞将会更为频繁。在高新技术产业园区，借助人才柔性共享平台，来自不同企业、不同领域的专业人才汇聚一堂，交流各自的创新理念与实践经验。这种跨组织、跨领域的交流合作，催生了众多创新成果，例如新型技术的研发、创新商业模式的构建等。创新成果的不断涌现，不仅提升了企业的竞争力，也带动了整个区域的经济发展，凸显了人才柔性共享在促进基于人力资本创新方面的强大效能。

---

① 宋志平. 共享机制[M]. 北京：机械工业出版社，2023：158.

第二节　创新生态理论

一、创新生态的含义与构成

有关创新理论的论述可以追溯至20世纪初，美国经济学家约瑟夫·熊彼得在其出版的《经济发展理论》一书中首次提出"创新理论"这一概念，此后学界对于创新理论的研究不断深化与拓展，如创新生态系统理论、创新链理论等。对创新生态系统的研究缘起于美国硅谷高速发展的高科技产业，2004年美国总统科技顾问委员会(PCAST)在其发布的《维护国家的创新生态体系、信息技术制造和竞争力》和《维护国家的创新生态系统：保持美国科学和工程能力之实力》两份研究报告中首次提出"创新生态系统"，强调在科技发明家、技术人才和创业者、世界水平的研究型大学、研发中心、风险资本产业等要素间建立一种创新协调机制，促进美国国力发展。①

自创新生态系统提出以来，多个发达国家和地区陆续出台相关政策，强调构建创新生态系统的重要性，如日本的创新25战略、印度的创新生态培育计划、荷兰的创新生态系统评估等相继实施，并在实践中取得了良好的效果。在创新驱动发展战略指导下，我国也在加速推进和布局符合国家战略需求的创新生态体系，②党的二十大报告强调，扩大国际科技交流合作，加强国际化科研环境建设，形成具有全球竞争力的开放创新生态。③

早期研究较多将创新生态系统的组成要素划分为创新主体和创新环境。但随着研究的深入，有学者将创新资源从创新环境中剥离出来，认为创新资源与狭义的创新环境对创新绩效的作用方式和效果均有显著不同，进而形成以创新主体、创新资源和创新环境三大基础要素为核心的三分法，并认为三分法

① 马雪梅，孙国斌，杨风霞，等.新型举国体制下复杂重大工程创新研究——基于创新生态理论的视角[J].工程研究——跨学科视野中的工程，2020，12(2)：142-154.

② 王高峰，杨浩东，汪琛.国内外创新生态系统研究演进对比分析：理论回溯、热点发掘与整合展望[J].科技进步与对策，2021，38(4)：151-160.

③ 习近平.高举中国特色社会主义伟大旗帜为全面建设社会主义现代化国家而团结奋斗——在中国共产党第二十次全国代表大会上的报告[J].党建，2022(11)：4-28.

能更全面地反映创新生态系统的内部结构。[①②] 因此，对其内涵的理解可以从三个不同的角度进行切入：

（1）从创新主体角度。创新系统研究本身经历了从“生产者—用户”交互学习的创新模型，到“三重螺旋”，再到“创新生态系统”[③]的研究历程，发展到现在创新生态系统已成为由政府、企业、高等院校、研究机构、金融服务机构、中介机构和用户组成的七位一体的协同体系。（2）从创新资源角度。创新生态系统是由支持创新活动的各类要素所形成的关系网络，主要包括人力资源、财力资源、物力资源等。[④]（3）从创新环境角度。创新生态系统是由影响创新主体的各类外部因素总和所构成的创新环境良性发展的产物，[⑤]包括创新政策、创新文化、市场环境、创新基础设施等，一般可区分为硬环境和软环境。[⑥]

二、创新生态的主要特征

深入分析创新生态系统特征是全面理解创新生态理论的关键，创新生态并非一成不变、孤立存在的简单体系，而是多元且相互关联的。下面将从开放共享性、难以复制性以及动态平衡性这三个维度，深入剖析创新生态的主要特征，揭示其在动态发展过程中的独特规律与内在逻辑。

（1）开放共享性。创新生态系统是一个开放而非封闭的组织，与外界在技术、资金、人才、信息、基础设施[⑦]等方面存在着广泛联系，并且它的开放性

---

① 王飞航，本连昌. 创新生态系统视角下区域创新绩效提升路径研究[J]. 中国科技论坛，2021(3)：154－163.

② 吴光东，袁明杰，谢智敏. 创新生态系统驱动城市创新绩效路径识别[J]. 中国科技论坛，2024(9)：11－20＋56.

③ 曾国屏，苟尤钊，刘磊. 从“创新系统”到“创新生态系统”[J]. 科学学研究，2013，31(1)：4－12.

④ 孙阿俊，武兰芬，姜军. 区域创新生态系统视域下的产业转型升级路径——基于组态视角的分析[J]. 财会月刊，2024，45(21)：122－128.

⑤ 李燕，高擎. 产学研融合赋能“双循环”发展路径与对策——创新生态系统视角[J]. 科技管理研究，2023，43(22)：31－37.

⑥ 许秋璇，吴永和. 教育数字化转型的驱动因素与逻辑框架——创新生态系统理论视角[J]. 现代远程教育研究，2023，35(2)：31－39.

⑦ 丁锐，赵宏亮，韩伟. 国内产业创新生态系统研究回顾与展望[J]. 今日科苑，2024(11)：70－82.

呈现多维度特征，在系统内各区域环境、系统内各主体要素以及系统整体上均有所体现。开放性特质是系统维持与外界动态交互作用的重要特征，如若创新生态系统是封闭的，系统内外就不会存在彼此之间的能量交换，熵增将会导致系统从有序向无序演化，导致系统的混沌。创新生态系统的共享性建立在开放的基础上，共享是开放的目的，通过开放，系统内能够很好地打破部门分割和行业壁垒，促进互联互通、数据开放、信息共享和业务协同。

（2）难以复制性。创新生态系统的难以复制性是其复杂性的综合表现。作为一个典型的复杂系统，其复杂性主要体现在以下三个方面：一是系统构成主体的复杂性，其构成主体包括企业、高校、科研院所、金融机构、科技服务机构等多元创新主体，这些主体在不同创新生态系统中有着不同的角色与作用，其数量、类型、规模以及相互之间的关系都各不相同。二是创新主体间互动关系的复杂性，各主体间以人才、技术和资本等创新要素为媒介，通过交流合作逐步形成复杂的创新网络。三是面临的外部环境具有复杂性，创新生态系统的外部环境包括制度环境、文化环境、市场环境等，这些因素都是多元、多维、多层次的。

（3）动态平衡性。创新生态系统是不断发展变化的，是一个动态演变与创新发展的系统，其创新主体群落与创新环境均呈现可持续的动态平衡，①进而会伴随系统内外部要素的发展变化而变化，通过知识与技术的研发、转化、应用来持续优化配置相关创新资源。② 创新生态系统又是相对稳定的，具有对系统外部影响因素的抵御能力，并具有一定的自我修复能力。因此，从创新生态系统的层级来讲，越是微观的层次越有可能具有更高频次的动态变化，越是宏观的层次越具有相对的稳定性。

三、创新生态系统与人才柔性共享

创新生态是一个结构复杂、功能多元的创新有机体，创新主体是创新生态

---

① DHANARAJ C, PARKHE A. Orchestrating innovation networks[J]. The Academy of Management Review, 2006, 31(3): 659 - 669.

② 徐长春，杨雄年. 创新生态系统：理论、实践与启示[J]. 农业科技管理，2018，37(4)：1 - 4.

系统中推动并支持创新的个体与种群，[①]包括企业、高校、科研机构以及创新服务机构等，不同主体因各自独特的功能定位而占据不同生态位，并在一定程度上具有稳定性。各创新主体间的协同合作是形成创新合力的关键，而人才的柔性流动则在这一协同过程中起到了知识传播和创新催化的关键作用。这一流动进一步打破了传统组织边界对创新资源的禁锢，形成了跨领域知识溢出的高效通道，有力促成了"基础研究—应用研究—商业化"的纵向贯通。具体来看，高校和科研院所是知识和科技成果的产生者和科技人才的培养者，它为创新活动持续提供高素质人才和创新知识，[②]是人才柔性共享的重要供给方。高层次人才在履行岗位职责的前提下，可通过制度化的柔性流动机制实现共享。如山东理工大学实施的"一人双岗"计划，该计划规定学校的博士及高层次人才要有两个岗，一是承担校内的教研工作，二是在企业挂职担任"科技副总"。通过这种双轨模式，高层次人才可充分发挥自身的专业优势和资源优势，深入参与企业的技术研发、经营管理等工作，有效推动企业技术革新与产学研协同发展，形成"人才共育、资源共享、成果共创"的校企协同创新格局。[③]

企业作为创新实践的前沿阵地，为人才充分发挥其专业才能和创新潜力提供了广阔的实践空间，是人才柔性共享的重要载体。通过人才柔性共享，企业与高校携手开展科研项目，高校科研人才得以深入企业，将最新的科研成果和技术突破引入合作企业的相关产品研发，在助力企业攻克技术难题的同时，人才自身也积累了相关实践经验，实现了理论知识与实践应用的有机结合。

科技服务机构是促进科技成果和技术向市场转变的平台，在创新主体间充当着桥梁和纽带作用，为技术、人才、信息及设备等的相互交流提供专业技

① 李晓娣，张小燕. 区域创新生态系统对区域创新绩效的影响机制研究[J]. 预测，2018，37(5)：22－28+55.

② LIU R，TANG F，WANG Y，et al. A modified NK algorithm based on BP neural network and DEMATEL for evolution path optimization of urban innovation ecosystem[J]. Complex & Intelligent Systems，2021 (prepublish)：1－17.

③ 山东省教育厅(省委教育工委). 山东理工大学实施"一人双岗"计划构建校地人才共引共用机制[EB/OL]. [2021－02－01]. http://edu. shandong. gov. cn/art/2021/2/1/art_11972_10285891. html.

术性服务。[1] 自20世纪90年代以来，我国鼓励、培育了包括科技企业孵化器、众创空间、国家大学科技园、技术转移机构、生产力促进中心等在内的各类科技服务中介机构，[2]这类机构通过整合人才信息和企业需求，为人才和企业间的高效对接提供了专业服务，提高了人才柔性共享的效率。

人才的柔性流动促成了创新主体间的协同合作，打破了创新主体间长期存在的壁垒，促成"基础研究—应用研究—商业化"的纵向贯通，使产学研协同创新得以顺畅开展。企业、高校、科研院所等创新主体借助人才柔性共享机制，能够充分发挥自身优势，实现资源的优化配置与高效利用；更能通过兼职、顾问、项目制等灵活形式，将高校、科研机构、企业的人才资源按需整合，避免"人才孤岛"现象的形成。这种动态化人才配置模式，既破解了传统体制下人才"部门所有"的固化格局，又通过构建开放共享的创新生态系统，有效破解了人才资源配置的结构性矛盾，使创新要素在产业链上下游间实现高效流动与深度融合。

另一方面，创新环境作为创新生态系统的重要支撑，对人才柔性共享的发展起着至关重要的促进与保障作用。人才的柔性共享发挥着创新生态系统重建的关键功能，而伴随着创新生态的成熟，又反过来对人才柔性共享形成反哺效应，这种反哺最终又为创新生态的优化升级赋能。

制度环境为人才柔性共享提供了坚实的制度保障。政府出台的一系列鼓励人才流动、支持人才共享的政策，如人才引进政策、税收优惠政策、科研项目资助政策等，为人才提供了必要的支持和服务，优化了人才的发展空间。在人才引进政策方面，许多地区放宽了对柔性引进人才的限制，为其提供与全职人才同等的待遇和保障，吸引了大量优秀人才参与人才柔性共享活动中。如吉林省规定，被认定为相应层次的人才在吉工作期间，享受吉林省同层次人才可享受的"吉享卡""吉健卡"服务项目。[3] 税收优惠政策则通过对参与人才柔性

① 刘秋红，罗小玲，王建伟，等．科技服务机构在科技中小企业与科研院所合作中的服务研究——以兰州地区为例[J]．甘肃科技纵横，2019，48(12)：60－64＋96．

② 李从容，郝乐桐，谷亚旭．科技服务机构集聚特征及影响因素分析[J]．决策咨询，2023(6)：79－87＋91．

③ 吉林省人民政府．关于印发《关于支持企业柔性引进人才的实施办法（试行）》的通知[EB/OL]．[2023－08－11]．https://xxgk.jl.gov.cn/zcbm/fgw_97992/xxgkmlqy/202308/t20230811_8780003.html．

共享的企业和个人给予一定的税收减免，降低了人才共享的成本，激发了各方参与的积极性。如《关于开展合肥市柔性引才补贴工作的通知》中规定，按年度计税报酬的30%择优给予用人单位引才补贴（补贴标准只计入在合肥缴纳所得税的薪酬部分），每人（团队）每年最高补贴100万元。① 科研项目资助政策鼓励企业、高校和科研机构联合开展创新项目，促进了人才在不同创新主体间的流动与合作。

文化环境对人才柔性共享具有潜移默化的影响。“不求所有、但求所用”的用人新理念，“能来能走、能进能出”的包容氛围，“充分信任、放手使用”的信任机制，为人才柔性共享创造了良好的文化土壤。在这样的文化氛围下，人才敢于突破组织传统边界，敢于尝试新的思路和方法，敢于面对创新过程中的失败，从而更愿意参与到跨界协同创新中去。作为全国第一个资源枯竭型城市转型试点市——辽宁省阜新市通过与中国科学院上海有机所深度合作，探索出了一条“不求所有、但求所用，不求所在、但求所为”的柔性引才之路。通过柔性引才战略，阜新市突破了人才引进难、高端人才少等经济欠发达城市普遍面临的引才困境，推动了城市科技创新水平的提高。②

市场环境在人才柔性共享中发挥着资源配置的基础性作用。完善的市场机制能够通过价格信号、竞争机制、创新激励、资本配置等方式，引导人才向最能发挥其价值的领域和项目流动。在良好的人才柔性共享市场中，企业能够根据自身创新需求和市场价格，灵活选择所需的柔性人才；人才则根据自身专业能力和市场回报，自主选择参与的项目和服务的企业。这种基于市场机制的人才配置方式，提高了人才柔性共享的效率，实现了人才资源与创新需求的有效对接。

第三节　人才集聚理论

一、人才集聚的含义和特征

人才流动过程中必然催生人才分布不均衡现象，具体表现为某些区域或

① 合肥市人力资源和社会保障局. 关于开展合肥市柔性引才补贴工作的通知[EB/OL]. [2023-11-09]. https://si12333.cn/policy/mrcds.html.

② 刘洪超. 没有煤，“饭碗”也要端稳当[N]. 人民日报，2018-11-02(17).

地区的人才相对集中，这种人才相对集中的现象被称为人才集聚。准确地说，人才集聚是人才流动过程中的一种特殊行为，它是指人才由于受某种因素影响，从各个不同的区域流向某一特定区域的过程。①

人才是一种特殊的经济要素，它在物理空间或者逻辑空间上的集中会导致人才在这两类空间中的密度高于其他空间，形成聚集现象。现代城市经济学认为：首先，城市发展有利于人力资本的积累，特别是通过“人力资本外部性”的途径，而这在个人层面最终将体现为生产率和收入的提高。其次，现代经济发展中人才的专业化程度越来越高，只有大规模的城市才能提供特别专业化的工作岗位。因此，现代经济生活与城市化进程密不可分，经济生活越发达，城市化进程越快，人才聚集现象越突出。人才聚集现象是城市化进程的基本特征。在全世界范围内都存在人才集聚现象。比如，挪威近年来出现的趋势是人口向大城市集聚；美国的人口在空间上高度集聚，大约80%的人集中在大约4%的国土面积上。②

人才聚集现象通常具有以下特征：

(1) 外部性。人才集聚现象呈现显著的正负外部性特征。正向外部性表现为：知识溢出效应加速创新扩散、规模经济降低企业用人成本，以及创新网络的自组织生长等。负向外部性则包括：资源竞争引发的“人才过密化”困境、生活成本攀升导致的创新活力衰减，以及“马太效应”加剧的区域失衡。这种双重外部性构成“创新集聚悖论”，需要通过柔性共享机制优化空间资源配置效率。

(2) 聚类性。人才聚集现象既有人才数量上的集中，也有人才汇集中的“聚类”，表现为在某一地区或者某一行业中集中了大量同类型人才。人才聚集现象即体现出按类集聚的聚类特征。企业在大城市能轻松获取专业化人才，而小城市常因人才结构单一而难以匹配高端需求。对冷门专业人才而言，大城市更易实现职业适配。典型案例如温州企业壮大后将总部迁至上海，原因就在于，当企业升级后，需要更高技能、更专业的人才(比如设计师)和生产

① 朱杏珍. 人才集聚过程中的羊群行为分析[J]. 数量经济技术经济研究，2002(7)：53-56.

② 陆铭. 大国大城[M]. 上海：上海人民出版社，2016：117.

性服务业，而本地难以供给。[①]

（3）规模性。人才集聚时，科研设施、培训服务等人才发展投入成本，也会因共享人数增多而降低，推动人才集聚规模化。研究表明，我国高层次人才集聚的"胡焕庸线" 正进一步形成。分析发现，我国高层次人才分布与国家区域发展战略、地方经济社会发展水平及人才政策优势呈正相关。从"全球高被引科学家"数据看，京津、长三角、粤港澳、两湖、川渝等区域总量增加，5 个区域占全国总量 81.8%，且人才分布逐渐向经济发达和人才工作成效显著地区汇集。

二、人才集聚的影响因素

进入新世纪，我国人才发展环境不断改善，人才队伍不断壮大。数据显示，我国科学研究与试验发展（R&D）人员数量从 2011 年的 401.758 万人逐年上升到 2021 年的 858.086 万人，但区域分布不均的矛盾突出。一流人才的去留，往往意味着一个地区或城市的兴旺与衰落。人才总是向产业基础好、发展机会多、收入水平高的城市聚集，城市的经济发展、收入水平成为吸引人才跨区域流入的重要原因。[②] 2017 年以来，各地陆续出台人才新政，不断加大对人才资源的争夺力度，先有西安、武汉、成都、杭州、南京等数十个城市出台人才吸引政策，后有北京、上海推出各自"新政"争夺目标人才，之后香港推出为期 3 年的"科技人才入境计划"加入"抢人大战"。[③]

良好环境的营造是吸引和集聚人才的重要基石和外部条件，一个地区或者城市能不能集聚人才在很大程度上取决于人才发展环境。人才竞争的实质在于人才生态环境的竞争，提高城市竞争力的核心是通过营造良好的人才环境，提升城市对人才的吸引力，使城市的人才规模和层次不断扩大。[④] 现有的关于人才集聚影响因素的研究，从以往聚焦于地区经济水平、工资收入、就业

① 陆铭. 大国大城[M]. 上海：上海人民出版社，2016：60.

② 马双，汪怿. 人才政策对人才跨区域流动的影响——以长三角城市群为例，中国人口科学，2023(1)：101 - 113.

③ 苗月霞. 人才政策贵在"有效"[N]. 光明日报，2018 - 05 - 20(7).

④ 徐茜，张体勤. 基于城市环境的人才集聚研究[J]. 中国人口·资源与环境，2010，20(9)：171 - 174.

机会等经济因素对人才集聚与扩散的影响，向生态环境、基础设施便利度、交通可达性、社区认同感、政策制度等非经济因素的影响转变。[①]

人才环境分类和评价指标一直是学界关注的重点问题，研究者从政治、经济、自然、文化、社会、生态、科技、科教环境等角度提出了不同观点。王顺认为，人才环境是指人才生存发展所需的社会与自然环境的总和，是一个庞杂的系统，涉及政治、经济、文化、人文、科技、教育、地理环境等方方面面。并从量化的角度提出由人才市场环境、经济环境、文化环境、社会环境、生活环境和自然环境构成的六大环境说。这些因素构成了影响人才成长的外部因素和空间条件，且在人才成长过程中相互影响、相互渗透。[②] 牛冲槐等认为影响人才聚集的环境因素主要包括地理环境、文化环境、制度环境、科技环境和市场环境等五大方面。[③] 王全纲和赵永乐以全球高端人才为样本，研究显示，资本投入、政府引进人才政策和科研创新环境三大因素是影响高端人才集聚的主要因素。[④] 刘兵等对京津冀地区科技人才分布的驱动要素进行了探析，认为经济发展水平、人文水平、科技发展水平和自然环境水平是四大主因。[⑤] 霍丽霞等指出，经济发展水平、科技创新环境、文化教育环境、社会保障水平是促进人才集聚的四个主要环境因素。[⑥] 王林雪等在对不同区域的科技人才集聚环境竞争力进行比较分析时，构建了包含经济环境、技术创新、文化教育与生活环境四个方面因素的评价指标体系。[⑦]

综合现有观点可见，学术界关于人才环境的研究成果已经比较丰富，要素

---

① 姜炎鹏，王鑫静，马仁锋. 创新人才集聚的理论探索——全球人才流动的城市选择视角[J]. 地理科学，2021，41(10)：1802－1811.

② 王顺. 我国城市人才环境综合评价指标体系研究[J]. 中国软科学，2004(3)：148－151.

③ 牛冲槐，江海洋. 硅谷与中关村人才聚集效应及环境比较研究[J]. 管理学报，2008(3)：396－400＋468.

④ 王全纲，赵永乐. 全球高端人才流动和集聚的影响因素研究[J]. 科学管理研究，2017，35(1)：91－94.

⑤ 刘兵，曾建丽，梁林，等. 京津冀地区科技人才分布空间格局演化及其驱动因素[J]. 技术经济，2018，37(5)：86－92＋123.

⑥ 霍丽霞，王阳，魏巍. 中国科技人才集聚研究[J]. 首都经济贸易大学学报，2019，21(5)：13－21.

⑦ 王林雪，崔镤丹. 区域科技人才集聚环境竞争力比较分析及对策建议——基于全国31个省市数据的实证研究[J]. 西安电子科技大学学报(社会科学版)，2020，30(2)：46－55.

分类主要有三元、四元、五元、六元、七元等多种观点，已经形成相对完善的研究基础。城市人才的集聚是一个复杂的发展过程，影响因素繁杂多元。已有研究不仅为界定人才环境要素提供了理论依据，而且为人才环境与人才集聚之间的协同影响和作用机制的研究奠定了基础。

（1）经济环境对人才集聚的影响。几乎所有的早期研究都是从经济环境的角度来研究人才集聚的问题。随着研究深入，开始从更多元的角度探究人才集聚的缘由，但经济因素仍然被认为是影响人才集聚的重要因素。经济环境是吸引人才聚集的根本原因，是衡量城市发展的根本标志和人才环境的核心要素。总的来看，人才集聚与城市经济发展相得益彰。一方面，地区的经济发展水平会影响人才集聚的规模。从国际上看，影响人才流动的一个重要因素是国家的经济规模和实力；从国内看，人才主要流向了经济和科技水平较高的核心城市及次核心城市。另一方面，人才集聚是经济发展的资源保障，人才集聚可以推动地区经济发展、优化经济环境，是城市经济稳步发展的助推器。由此可见，经济环境在影响人才集聚中起着重要作用，且两者相辅相成，互为因果。

（2）生活环境对人才集聚的影响。一个城市是否有便捷的交通、高质量的服务、高品质的消费环境等有利于人们生活的环境，是吸引人才，尤其是吸引高层次人才集聚的关键因素。格莱泽（Edward Glaeser）认为，打造既能实现工作目标又能满足生活娱乐目标的生活区域是吸引人才的关键。① 对于人才而言，一方面，随着经济发展和生活水平的提高，城市生活环境的舒适度对高端人才选择在何处工作和生活的影响越来越大。与普通劳动力不同，人才的流动性更强，工作不以追逐利益为唯一目标，也更重视生活质量，更喜欢集聚在交通便利、教育优质、娱乐丰富的高消费城市。另一方面，人才普遍从事高强度脑力劳动，高压力工作意味着更需要城市的休闲场所来纾解压力。有研究显示，人才在高压工作中更青睐影剧院、咖啡馆、游泳场、购物中心等环境放松身心。② 因

---

① GLAESER E L, KAHN M E. Sprawl and Urban Growth[M]//HENDERSON J V, THISSE J F, eds. Handbook of Regional and Urban Economics, Vol. 4: Cities and Geography. Amsterdam: Elsevier, 2004: 2481 - 2527.

② 叶晓倩，陈伟. 我国城市对科技创新人才的综合吸引力研究——基于舒适物理论的评价指标体系构建与实证[J]. 科学学研究，2019，37(8)：1375 - 1384.

此，良好的生活环境在人才集聚中发挥着积极的促进作用。

(3) 创新环境对人才集聚的影响。随着创新环境概念的提出，有关人才集聚影响因素的研究逐渐加入对创新环境的讨论。[①] 创新环境好的城市，意味着当地科技创新活动集中，创新氛围活跃，更容易发挥人才集聚的知识溢出效应，从而促进人才向该地区集聚。科技创新环境是人才集聚的关键性因素。良好的科技创新环境对吸引科技人才、发挥科技人才集聚效应起到了重要作用，[②]尤其体现在高端人才的流动和集聚中。霍丽霞等通过多元线性回归分析科技人才集聚的影响因素，验证了科技创新环境因素与科技人才集聚高度呈正相关。[③] 影响省际科技人才流动的主要因素是研发资金投入强度、财政科技投入规模等创新环境。研发试验资金的投入强度越大，地方政府越重视科技创新，越能在本地区产生科技人才的正向集聚效应。由此可见，创新环境是影响人才集聚的重要因素。

(4) 社会环境对人才集聚的影响。牛冲槐等认为社会环境在总体上起着宏观和潜移默化的作用。[④] 20 世纪中后期以来，越来越多的研究发现，当经济发展成熟或进入后工业社会后，人才集聚越来越明显地受到社会因素的影响。一方面，教育质量好、教育普及程度高的地区容易吸引科技人才流入，形成科技人才集聚现象和集聚规模效应。完善的社会保障体系，便于科技人才在社会间流动。波施马(Ron Boschma)和弗里奇(Michael Fritsch)分析了欧洲 500 多个地区人才在空间分布的规律，结果发现人才的集聚比较明显地受到教育和医疗等因素的影响。[⑤] 夏怡然和陆铭的研究也同样发现基础教育和医疗服

---

① 郭淑芬，张文礼. 科技人才区域集聚为何不同——基于创新环境空间差异的解释[J]. 科技进步与对策，2022，39(11)：152 - 160.

② 牛冲槐，高祖艳，王娟. 科技型人才聚集环境评判及优化研究[J]. 科学学与科学技术管理，2007(12)：127 - 133.

③ 霍丽霞，王阳，魏巍. 中国科技人才集聚研究[J]. 首都经济贸易大学学报，2019，21(5)：13 - 21.

④ 牛冲槐，曹阳，郭丽芳. 科技型人才聚集环境及聚集效应分析(三)——社会环境对科技型人才聚集效应的影响分析[J]. 太原理工大学学报(社会科学版)，2008(1)：22 - 26.

⑤ BOSCHMA A R，FRITSCH M. Creative class and regional growth：empirical evidence from seven European countries[J]. Economic geography，2015，85(4)：391 - 423.

务对劳动力流向的显著积极影响。[①] 另一方面，城市既是物质现实，又是心灵状态。历史文化和藏书量为人才安顿心灵提供了保障，为城市吸引人才增加了砝码。此外，如果城市常住人口增速和迁入率过快、人口密度过大、创新资源的人均资源量减少，将使人才工作环境质量下降，基础设施难以适应城市人口不断增长的需求，导致科技人才的逆向流动，从而使人才集聚规模缩小，对人才集聚效应造成不利影响。综上可见，社会环境是影响人才集聚的重要组成部分，且对人才集聚发挥着促进或者制约的“双刃剑”作用。

(5) 生态环境对人才集聚的影响。生态环境质量与人们的生活和健康关系紧密，近年来，人们对空气质量、植被绿地等自然环境逐渐重视，生态环境成为影响人才流向决策的重要因素。一方面，优越的自然环境通过影响生活质量吸引创新型人才集聚。人们的主观幸福感受到城市生态环境和空气质量的正向影响，在良好的生态环境中，人们能够更加快乐，减少抑郁等负性情绪的发生。[②] 另一方面，遭到破坏和恶化的生态环境会影响人才集聚，甚至在一定程度上导致人才流失。研究表明，空气污染通过降低人们对城市的认同感和归属感造成更多的人才流失。空气污染会提升人才移民的意愿，$PM_{2.5}$ 每增加 10%，移民倾向增加 28%。[③] 特别是，生态因素与人才集聚的关系在高学历人才群体中更为突出。相关研究发现，人们更倾向于流动到生态建设好的城市，且教育水平越高对城市生态环境越敏感。在就业选址时，受教育水平与对空气污染的敏感性呈正相关。在高学历组，空气质量与企业人才集聚呈显著正相关。[④] 空气污染对家庭经济地位和学历更高的劳动者影响更大。综上表明，随着经济的发展，创新型人才更倾向于集聚在生态环境良好的地区，生态环境是

---

① 夏怡然，陆铭. 城市间的“孟母三迁”——公共服务影响劳动力流向的经验研究[J]. 管理世界，2015(10)：78-90.

② ZHANG X，ZHANG X，CHEN X. Happiness in the air：how does a dirty sky affect mental health and subjective well-being? [J]. Journal of Environmental Economics and Management，2017，85：81-94.

③ 李丁，张艳，马双，等. 大气污染的劳动力区域再配置效应和存量效应[J]. 经济研究，2021，56(5)：127-143.

④ 姚凯，王亚娟. 空气质量对企业人才集聚的影响机制研究[J]. 复旦学报(自然科学版)，2023，62(3)：340-351.

人才集聚的重要影响因素之一，且该影响既有正面积极作用也有反面消极作用。

人才集聚是一个复杂的过程，受到经济环境、生活环境、创新环境、社会环境、生态环境等因素的影响。一方面，人才环境各要素相互独立，各自分别对人才集聚形成促进或制约作用。另一方面，各要素之间又相互关联，这些相互关联的影响因素从不同角度出发，形成交错互补的有机整体系统，协同影响人才集聚。

三、人才集聚理论视角下的人才柔性共享

从人才集聚对人才柔性共享的推动来看，通过人才集聚形成的人才高地或人才平台为人才柔性共享提供了丰富的人才供给。在人才集聚程度高的区域，如大城市的科技园区、高校科研集群等地，人才类型多样、专业技能丰富，涵盖了从基础学科研究到应用技术开发，从传统产业升级到新兴产业创新等各个领域。这使得不同主体在寻求合作时，更容易找到契合自身需求的专业人才。例如，上海张江科学城集聚了大量生物医药、集成电路领域的高端人才，周边企业在开展相关项目时，可通过人才柔性共享模式，便捷地与这些人才建立合作，获取前沿技术支持与专业指导。

人才集聚所营造的良好创新氛围与完善的配套设施，也为人才柔性共享提供了适宜的环境。各类学术交流活动、行业研讨会频繁举办，企业与高校、科研机构之间的合作机制相对成熟，人才在这样的环境中能够更顺畅地开展跨组织、跨领域的合作。同时，发达的交通网络、便捷的通信设施以及丰富的生活服务设施，降低了人才柔性共享过程中的沟通成本与协作难度，提高了共享效率。

反之，人才柔性共享也进一步促进了人才集聚。通过柔性共享模式，人才能够突破传统组织边界与地域限制，更自由地流动与合作。这种灵活的流动方式使人才能够接触到更多样化的项目、更丰富的资源以及更广阔的发展空间，从而吸引更多人才向该区域汇聚。例如，一些中小城市通过与大城市开展人才柔性共享合作，为本地人才提供了参与高端项目、与顶尖人才交流学习的机会，提升了本地对人才的吸引力，进而促进了人才集聚。同时，人才柔性共享所带来的创新成果与经济效益，也会进一步提升区域的知名度与竞争力，吸引更多人才主动集聚。

第四章 长三角人才资源盘点：柔性共享的现实基础

第一至第三章从理论层面探讨了人才柔性共享的内涵、特征、机制、理论基础等，第四至第八章将以长三角为例，通过“现实基础—困境挑战—对策建议”的递进框架，结合“政策赋能—市场驱动—社会协同”的三维视角，阐释人才柔性共享的实践逻辑与适配路径。

作为我国经济高质量发展先行区，长三角人才资源分布的差异化特征为人才柔性共享的理论落地提供了现实土壤。虽然长三角区域内人才资源总量充足，但是“虹吸效应”与“马太效应”并存：核心城市的高端人才集聚与周边城市的人才结构性短缺形成鲜明对比，区域间人才流动壁垒尚未完全打破。在此背景下，如何通过柔性共享机制实现人才资源的动态适配，成为促进长三角区域协调发展亟待破解的关键命题。

本章基于沪苏浙皖统计年鉴、政府公报及相关调研数据，聚焦长三角地区之间发展的“不均衡性”与“差异化”特点，通过系统解析长三角人才资源现状，揭示构建柔性共享机制的紧迫性与可行性，为第五至第八章开展长三角人才柔性共享实践研究、提供实证依据。

第一节 长三角人才资源的总量与结构分析

作为我国经济发展最活跃、开放程度最高、创新能力最强的区域之一，长三角地区在各个领域的发展成就斐然，已然成为“长三角一体化”上升为国家战略之后跑出发展“加速度”的生动缩影。随着长三角地区经济的快速发展、产业结构的优化升级、人才工作的不断加强，人才资源在总量、结构、质量等各个方面都在向高质量发展迈进。

一、人才资源总量充足

2021年至2023年三年数据显示，长三角区域总人口数量呈增长趋势，截至2023年底，长三角现有常住人口2.37亿人（其中上海2 487万人，江苏8 526万人，浙江6 627万人，安徽6 121万人），较2021年增长约114万人，增长率为0.48%。长三角区域从业人员以及沪苏浙皖四地从业人员的数量也呈现增长态势，劳动力资源总量充足，截至2023年底，长三角区域从业人员总数达13 297万人。

长三角区域人才资源丰富，尤其是随着整体文化程度的提高和教育培训力度的加大，人才数量规模不断增加，2022年各类高层次人才和专业技能人才总量超过1 190万人，拥有院士工作站652个，博士后流动站913个。[①] 截至2023年底，上海人才资源总量已超过675万人，累计核发外国人工作许可证44.1万份，留学回国人才累计超31万人。[②] 江苏省2022年全省人才资源总量超过1 400万人，研发人员达108.8万人，[③]2023年在苏两院院士达116人。[④] 截至2024年底，江苏全省技能人才总量和高技能人才总量分别达1 494万人和494万人。[⑤] 浙江省人才资源总量于2022年底达到1 480多万人。人

---

① 中华人民共和国科学技术部. 中国科技人才发展报告(2022)[M]. 北京：科学技术文献出版社，2023：215.

② 中国新闻网. 上海2023年共引进吸引海内外人才17.2万人同比增长12%[EB/OL]. [2024-03-28]. https://www.chinanews.com.cn/gn/2024/03-28/10188561.shtml.

③ 江苏省人民政府. 过去五年工作回顾[EB/OL]. [2023-01-29]. https://www.jiangsu.gov.cn/col/col88025/index.html.

④ 江苏省统计局. 2023年江苏省国民经济和社会发展统计公报[EB/OL]. [2024-03-05]. https://tj.jiangsu.gov.cn/art/2024/3/5/art_85764_11264412.html.

⑤ 江苏省人民政府. 深化“江苏工匠”培育工程加强高技能人才队伍建设若干措施新闻发布会[EB/OL]. [2025-01-13]. https://www.jiangsu.gov.cn/art/2025/1/13/art_46548_313.html.

才密度持续提升，每万人口中人才资源数达2 898人。① 截至2023年底全省技能人才总数达1 266万人，其中高技能人才35.9万人。② 安徽省在2024年全省技能人才总量超770万人，其中高技能人才总量超240万人，③两院院士34人。

表4-1　2021—2023年长三角区域内常住人口及从业人员数量变化情况

单位：万人

年份	常住人口					从业人员				
	合计	上海	江苏	浙江	安徽	合计	上海	江苏	浙江	安徽
2021	23 647	2 489	8 505	6 540	6 113	13 340	1 365	4 863	3 897	3 215
2022	23 694	2 475	8 515	6 577	6 127	13 213	1 347	4 805	3 885	3 176
2023	23 761	2 487	8 526	6 627	6 121	13 297	1 345	4 840	3 921	3 191

资料来源：2022—2024年《中国统计年鉴》。

二、人才资源结构优化

随着长三角区域内产业结构的不断优化升级，从业人员产业结构也相应出现了较大变化：从业人员从第一产业向第二、第三产业转移，第一产业从业人员比重不断下降，第二产业和第三产业从业人员逐渐增多、比例不断上升（如表4-2所示）。虽然四地的从业人员产业结构均已呈现“三二一”模式，但省际差异悬殊，如2023年安徽省第一产业从业人员所占比重较上海市多出22.58%，而第三产业从业人员所占比重却较之少22.29%。

---

① 邬焕庆，商意盈，唐弢，等. 聚天下英才，谋盛世伟业——浙江实施人才强省战略二十周年观察[EB/OL]. [2023-12-28]. https://www.news.cn/politics/20231228/05fb64c93d4648778a31504dfa3594e0/c.html.

② 浙江省人力资源和社会保障厅. 2023年度浙江省人力资源和社会保障事业发展统计公报[EB/OL]. [2024-08-19]. https://rlsbt.zj.gov.cn/art/2024/8/19/art_1229249828_5349674.html.

③ 朱孔阳. 截至9月底安徽技能人才总量超770万人[EB/OL]. [2024-10-30]. https://www.chinanews.com.cn/sh/2024/10-30/10310954.shtml.

表 4 - 2　2021—2023 年长三角区域内从业人员产业结构变化情况

单位：%

产业	2021 年				2022 年				2023 年			
	上海	江苏	浙江	安徽	上海	江苏	浙江	安徽	上海	江苏	浙江	安徽
第一产业	1.83	12.95	5.29	24.23	1.56	13.03	5.23	24.87	1.49	12.81	5.02	24.07
第二产业	32.60	40.24	44.32	32.91	32.59	40.60	44.43	32.12	32.42	40.48	44.48	32.12
第三产业	65.57	46.80	50.40	43.86	65.85	46.37	50.35	43.01	66.10	46.71	50.50	43.81

资料来源：2022—2024 年《中国统计年鉴》。

基于长三角地区 49.5 万名高水平人才和 11.8 万名数字人才样本调研，领英于 2018 年发布的《长三角地区数字经济与人才发展研究报告》显示，长三角人才分布呈现以下特点：制造、建筑、软件与信息技术、教育、零售为长三角人才分布最多的五大行业。其中，软件与信息技术行业与全国相比优势突出。高水平人才和数字人才占比最高的五大行业分别为：信息与通信技术(ICT)、制造、公司服务、消费品和金融。①

三、人才资源学历素质双提升

从质量上看，长三角地区人才学历较高、国际化程度较高。长三角区域内从业人员中本科与研究生毕业生的比例逐年提高，每万人中在校大学生数量逐年增加。高水平人才和数字人才中有近 30%具有国际(及港澳台)教育背景，35%以上具有研究生及以上学历。② 科研精英人才在全国占据重要地位，2023 年全国共计 1 275 人次的“高被引科学家”进入榜单。江苏、上海、

① 清华经管互联网发展与治理研究中心. 长三角地区数字经济与人才发展研究报告[R/OL]. [2018 - 10]. https://cidg.sem.tsinghua.edu.cn/info/1020/1110.htm.

② 清华经管互联网发展与治理研究中心. 长三角地区数字经济与人才发展研究报告[R/OL]. [2018 - 10]. https://cidg.sem.tsinghua.edu.cn/info/1020/1110.htm.

浙江、安徽在高被引科学家总量上均位列全国前十，分别是第二名、第四名、第七名和第十名。①

长三角地区高等教育规模和质量始终处于全国领先位置，据2021年教育部统计数据显示，沪苏浙皖四地共有本科层次高校224所，在最新公布的“双一流”高校名单中，四地共有36所高校入选，占全国总数的1/4，远高于粤港澳大湾区（如表4-3所示）。此外，全国最顶尖的9所大学中有5所在长三角，即“华东五校”。② 长三角具有丰富的科研和创新资源，拥有两个国家科学中心，近300家国家工程研究中心和工程实验室等创新平台，这些资源为长三角集聚科创人才和科创成果提供了条件。数据表明，长三角年研发经费支出和有效发明专利数均约占全国30%。③ 高校、科研和创新中心等资源的集聚和建设为提升长三角区域人才学历水平和实现高质量发展奠定了坚实的基础。

表4-3　长三角与世界级大湾区指标对比④

指　标	纽约湾区	旧金山湾区	东京湾区	粤港澳大湾区	长三角地区
面积（万平方千米）	3.7	1.80	3.69	5.61	35.8
常住人口（万）	2 340	966.6	4 435	8 662	23 694
地区生产总值(GRP)（万亿美元）	1.8	1.0	2.09	1.94	4.32
GRP占全国比重(%)	9.3	4	41.4	11.2	24.1

① 吴静，黄学文，陈恩强. 培育新质生产力背景下粤港澳大湾区高水平人才高地建设的实证探析——基于高被引科学家群体特征计量与政策分析[J]. 科技管理研究，2024，44(13)：31-41.

② 华东五校，简称“华五”，是民间对上海的复旦大学和上海交通大学、杭州的浙江大学、南京的南京大学、合肥的中国科学技术大学这五所中国东部地区顶尖高校的总称。“华东五校”这一概念最早出现于21世纪初的网络论坛上，随后迅速在关注高等教育的网民中流传开来。此外，还有北京的北京大学和清华大学、西安的西安交通大学、哈尔滨的哈尔滨工业大学，一共九所全国最顶尖的大学。

③ 中华人民共和国中央人民政府. 中共中央国务院印发《长江三角洲区域一体化发展规划纲要》[EB/OL]. [2019-12-01]. https://www.gov.cn/gongbao/content/2019/content_5462503.htm.

④ 张向前，刘小芳. 中国构建世界绿色经济重要人才中心和创新高地——基于世界五大湾区的对比研究[J]. 科学管理研究，2025，43(1)：121-129.

续　表

指　标	纽约湾区	旧金山湾区	东京湾区	粤港澳大湾区	长三角地区
双一流大学数	—	—	—	8	36
世界500强公司数	24	10	40	25	26

注：数据截至2022年。
数据来源：统计年鉴与网络公开数据资料。

R&D人员的执行部门分布情况可以反映出科技创新活动主体的分布情况。2019年以来，长三角规模以上工业企业、高等学校的R&D人员数量均有增长，年均增幅分别达到9.59%、10.86%，其中高等学校R&D人员增幅最为显著(因数据缺失，上海、江苏的研究与开发机构年均增长率没有计算)，如表4-4所示。

表4-4　长三角区域内各地区按执行部门R&D人员全时当量

单位：万人·年

地区	规模以上工业企业			研究与开发机构			高等学校		
	2019年	2023年	年均增长率(%)	2019年	2023年	年均增长率(%)	2019年	2023年	年均增长率(%)
上海	8.07	11.25	8.67	3.13	—	—	3.87	5.87	10.97
江苏	50.84	72.12	9.14	2.73	—	—	4.26	6.29	10.27
浙江	45.18	65.10	9.57	0.88	1.31	10.46	2.68	4.02	10.63
安徽	12.45	19.63	12.05	1.10	1.49	7.81	2.11	3.33	12.09

资料来源：2019年、2023年《中国科技统计年鉴》《浙江统计年鉴》《安徽统计年鉴》。

第二节　长三角四省市人才发展对比分析

通过以上分析，可以对长三角地区人才分布的总体状况形成基本认识。为了更准确地把握长三角区域内三省一市的人才分布特点，本节将进一步具体分析区域内上海市、江苏省、浙江省和安徽省各地人才资源的分布情况。

一、上海市人才发展状况

（一）人才资源规模不断扩大

上海拥有规模庞大、结构多元、素质优良的人才储备体系，人才基数、质量结构与成长潜力三大维度均稳居全国首位。数据显示，截至2023年底，全市人才资源总量突破675万人，较2016年增长超12%。国际化引才成效显著，累计核发外国人工作许可证44.1万份，其中外国高端人才（A类）8.3万余份，同时吸引留学归国人员逾31万人。多项数据表明，上海人才规模持续扩大、结构不断优化，呈现良性发展态势。

（二）高层次人才集聚效应逐步释放

上海通过实施人才强市战略，高层次人才的集聚效应持续凸显。截至2023年底，人事关系在沪的院士共187位（中国科学院院士108人、中国工程院院士79人），并且在近三届两院院士增选中，上海新增院士人数均位列全国第二，每届新增院士约15位。① 同年，共有122人入选科睿唯安"高被引科学家"榜单，数量居全国第二，仅次于北京。② 科研产出方面，2021年上海在国际期刊发表论文84 963篇，同比增长14.4%；在《自然》《科学》和《细胞》三大顶级期刊发表论文149篇，占全国总量的近三成（28.6%），③高层次人才集聚效应逐步释放。

（三）对人才的吸引力不断增强

上海凭借大型国有企业、跨国企业以及上证所等金融枢纽的叠加优势，构建起多元产业生态，不断增强对全球高端人才的磁吸效应。相较于长三角其他城市，上海在海外人才集聚领域优势显著，多项核心指标位居全国首位：首

---

① 曾方，张艳林. 上海科技人才发展研究报告2022—2023[M]. 上海：学林出版社，2023：67.

② 张耘. 上海122人次入选2023年科瑞唯安全球高被引科学家榜单[EB/OL]. [2024-11-29]. https://www.istis.sh.cn/cms/news/article/92/27156.

③ 曾方，张艳林. 上海科技人才发展研究报告2022—2023[M]. 上海：学林出版社，2023：19.

先，在沪外国人才数量居全国第一；其次，来沪工作和创业的归国留学人员累计已超31万人，排名全国第一；《2023中国海归就业调查报告》显示，2023年1月至5月，上海、北京、深圳、广州四个城市集中了超过40%的归国留学人才，其中上海占比最高，位列全国第一。

此外，上海对人才的吸引力也体现在名校毕业生的去留上。有数据曾对33所名校2019届的毕业生的去向做了分析，结果发现，在沪名校毕业生选择留沪的比例非常高。其中，上海财经大学有76.74%选择留在上海，上海外国语大学为76.57%，上海交通大学为73.47%，复旦大学为72.75%。[①] 这种"国际化引才"与"本土留才"双轮驱动的格局，标志着上海人才"强磁场"效应的深化。

(四) 人才集聚的生态优势进一步提高

人才是城市"繁华共富"的创造者，吸引人才流入和集聚，是一个城市真正魅力和实力的体现。上海重视打造高度现代化的人才发展环境，发展具有红色文化、海派文化、江南文化融合的特色文化，通过体制机制的放权松绑和政策措施的迭代创新，使上海具有集聚人才的生态优势。

在人才发展环境上，上海通过构建"硬支撑"与"软实力"并重的人才生态体系，打造具有全球竞争力的国际人才社区，比如，张江科学城建设9 000套以上国际人才公寓；持续扩大优质教育资源供给；提升医疗服务水平，支持社会力量建立第三方国际医疗保险服务平台等。随着城市基础设施、公共服务配套和生活环境的持续优化，人才在上海的获得感、幸福感和归属感显著增强。

人们常常说文化引人才能留住"魂"，上海的城市精神品格浸润人心，红色文化、海派文化、江南文化融合发展，特别是上海所独有的中西融合的海派文化，孕育出"海纳百川、追求卓越"的现代城市精神，这种兼容并蓄的文化气质已转化为人才集聚的生态优势——既体现在浦西梧桐区历史建筑群与陆家嘴摩天楼群的时空对话中，也展现在国际人才社区多元文化共生共荣的生动实

---

① 林小昭. 十大人才增长最多城市盘点：上海第一，深圳第二[N]. 第一财经日报，2021-11-26(A10).

践里，更内化为人才扎根发展的深层精神认同。

二、江苏省人才发展状况

（一）人才资源总量较大

江苏省通过大力实施科教和人才强省战略，加大对专业技术和技能人才的培养，提升江苏整体人才资源竞争力。江苏省技能人才队伍建设取得显著成效，数据显示，全省技能人才总量达 1 494 万人，高技能人才规模突破 494 万人。其中，技能人才总量占就业人员总量的 30.9%，高技能人才占技能人才总量的 33.1%。① 科技人才规模庞大，2023 年全省 R&D 人员总量达到 120.2 万人，全国占比 11.76%；研究人员 89.9 万人，全国占比 29.97%。2021 年省自然科学基金立项累计支持青年科技人才 10 295 名，累计引进“双创”人才 6 155 人、“双创”团队 518 个、“双创”博士 7 954 人。外国人才方面，全省持有效工作许可外国人超 2.4 万，其中高端人才占比达 35%。②

（二）人才资源结构不断优化

江苏省新兴产业从业人员中 16.51%以上具有本科及以上学历，从业人员中 R&D 人员比重为 8%，中高级职称人员占比 5%。入选国家相关人才计划的高层次人才数量占全国 10%以上。③ 从 R&D 人员受教育水平看，全省 R&D 人员受教育水平不断提高，2012 年至 2020 年，R&D 人员中博士研究生毕业人员、硕士研究生毕业人员、本科毕业人员年均增长率为 10.9%、6.8%、9.3%。④

但是江苏省内各地之间的人才分布存在参差不齐的现象。总的来看，苏

① 江苏省人民政府. 深化“江苏工匠”培育工程加强高技能人才队伍建设若干措施新闻发布会[EB/OL]. [2025-01-13]. https://www.jiangsu.gov.cn/art/2025/1/13/art_46548_313.html.

② 中华人民共和国科学技术部. 中国科技人才发展报告（2022）[M]. 北京：科学技术文献出版社，2023：296.

③ 苗成斌，黄建军，薛莉，等. 打造江苏人才发展现代化先行区的目标构想与路径优化[J]. 唯实，2023(5)：68-71.

④ 中华人民共和国科学技术部. 中国科技人才发展报告（2022）[M]. 北京：科学技术文献出版社，2023：297-298.

南地区人才总量较大，基础较好，在产业发展和人才布局上有较大优势；而苏北地区的人才总量较为匮乏，基础较差，在产业发展和人才布局上较为薄弱。

（三）制造业人才聚集高地初步形成

江苏省在先进制造业领域保持全国领先地位，现已形成规模较大、储备充分的人才梯队，具体表现为三个方面：首先，在高端装备产业中的智能机器人产业形成了完整的产业链，相关人才比较集聚，苏州贡献了约 20%的省领军人才，南京以超 60%的占比成为省内领军人才核心聚集区。其次，物联网产业领域的人才总量突破 3 万人，已形成具有规模效应的人才矩阵。再次，在前沿新材料产业集群的纳米技术产业方面具有优势，尤其是苏州集聚了大量纳米技术领域高端人才，苏州工业园更是成为全国纳米技术领域高端人才集聚地。

三、浙江省人才发展状况

以《浙江省人才发展"十四五"规划》为参照进行分析发现，该省人才资源发展主要呈现了以下特点：总的人才资源数量和质量呈现了增长的态势、人才平台发展快速、人才效能持续发挥、人才创新活动增强。

（一）人才资源数量和质量呈增长态势

从纵向发展看，浙江省人才资源数量和质量都显现了较好的增长态势。人才资源总量于 2022 年底达到 1 481.78 万人，相比 2003 年增长约 4.4 倍，每万人口中人才资源数增长 3.8 倍。2023 年，全省技能人才总量达 1 266 万人，占从业人员比例达到 30.48%。高层次人才总量丰富，2023 年全省高校国家级人才近 3 000 名，全省卫生专业技术人才达到 61.28 万人，各项指标均居全国前列。①

（二）人才结构不断优化

《中国科技统计年鉴 2024》显示，2023 年，浙江省高等学校 R&D 人员博士研究生毕业人数 42 505 人，较 2018 年增长 134.7%；硕士研究生毕业人数

① 周佳，朱蕾蕊，傅衍. 人才强省二十年的浙江路径[J]. 中国人才，2024(3)：27－29.

40 057 人，较 2018 年增长 58.7%，每万名就业人员中约有 269 名 R&D 人员。高端人才加速集聚，截至 2022 年底，在浙的两院院士共计 60 名，特级专家 152 人。2023 年，全省拥有享受政府特殊津贴专家 2 250 人，此外，高技能人才总数 426.5 万人，占所有技能人才总量的 33.7%。①

（三）人才创新活动不断增强，数字人才爆发活力

浙江省在“鲲鹏行动”计划的引领下，深化人才体制机制改革，为人才松绑、向用人主体放权，形成了市县政策叠加的高素质人才引进培育体系。人才评价的“四唯”倾向、人才流动的身份壁垒、人才激励的平均主义被不断破除，人才创新创业活力不断增强。

同时，在当前整个社会数字化转型的背景下，浙江省的数字人才爆发出巨大活力。以杭州为例，数字经济已经成为引领杭州经济高质量发展的重要引擎和抓手。杭州的数字经济蓬勃发展，截至 2018 年，数字经济领域企业占了上市企业的一半；数字人才集聚，数字人才队伍持续壮大，全市人才净流入率和海归人才净流入率居全国第一。②

杭州的数字人才在 ICT 基础产业中的比例为排名前十位的城市中最高，接近 70%。ICT 融合产业中数字人才在制造行业中分布最多，占到 13%；其次分布在金融行业，约占 4.7%；此外，消费品、医疗和娱乐行业也有较多数字人才储备。数字人才主要集中在互联网和 IT 企业，其中就职人数最多的公司为阿里巴巴、华为、网易、海康威视等。③

四、安徽省人才发展状况

（一）各类人才总量快速提升

安徽省人才总量稳步上升，截至 2022 年底，安徽省专业技术人才总量达

① 浙江省人力资源和社会保障厅. 2023 年度浙江省人力资源和社会保障事业发展统计公报[EB/OL]. [2024-08-19]. https://rlsbt.zj.gov.cn/art/2024/8/19/art_1229249828_5349674.html.

② 张一博. 数字经济背景下长春市人才发展对策研究——基于上海、杭州数字经济人才发展的分析[J]. 中国市场，2022(6)：174-175.

③ 陈煜波，马晔风. 数字化转型——数字人才与中国数字经济发展[M]. 北京：中国社会科学出版社，2020：63.

477 万人，其中高层次人才 49.6 万人，高级职称人才 29 万人，高层次科技人才队伍不断壮大。扶持高层次科技人才团队 320 个，享受政府特殊津贴专家 4 384 人，遴选省学术和技术带头人及后备人选 2 305 人。[①] 全省累计拥有 1 170 多万名专业人才，区域创新能力位列全国第七，逐渐成为人才发展新高地。[②]

（二）创新人才集聚

通过持续实施高层次科技人才团队招引计划，创新正在成为安徽的新标识。《中国区域创新能力评价报告（2024）》显示，在 2024 年度区域创新能力排名中，安徽省排在全国第七位，连续十余年稳居全国第一方阵。《长三角城市群科技创新驱动力指数（2020）》显示，安徽在科技创新方面呈现快速发展和追赶态势，芜湖和马鞍山的科技创新驱动力排名上升了四位，为长三角城市群中上升幅度最大的城市。

《安徽省统计年鉴（2024）》显示，2023 年安徽省 R&D 人员 38.96 万人，R&D 研究经费年支出 1 264.74 亿元，输出技术合同成交额 3 339.54 亿元，专利申请授权量 142 638 件。截至 2024 年初，安徽共拥有国家级企业技术中心 105 个，稳居全国第五位。[③] 创新团队建设成效显著，按照“项目＋人才”模式，安徽省先后遴选设立 15 批 518 个“115”产业创新团队，合计带动设立不同层级团队 3 000 余个，集聚 2 万多名高层次产业人才。[④]

（三）人才分布不均

安徽省内经济发展呈现显著的“南高北低”格局，区域协调性亟待提升。皖北地区以全省近半数人口贡献的经济总量长期偏低，人均 GRP 始终居于末位。受交通基础设施薄弱、政策辐射效应不足等限制，皖北在承接长三角一体

---

① 中华人民共和国科学技术部. 中国科技人才发展报告（2022）[M]. 北京：科学技术文献出版社，2023：314 - 315.

② 范和生. 安徽社会发展报告（2023）[M]. 北京：社会科学文献出版社，2024：8.

③ 刘小容. 安徽国家企业技术中心总数稳居全国第五[N]. 合肥日报，2024 - 01 - 23(A03).

④ 班慧. 人才，人才，人才！重要的事说三遍[EB/OL]. [2024 - 01 - 24]. http://lbr.ahnews.com.cn/news/2024/01/24/c_467525.htm.

化战略红利方面明显滞后。相比之下，以合肥、芜湖、蚌埠为核心的皖中及沿江地区，依托国家大科学装置集群与城市创新资源，已成为全省创新发展的核心引擎。① 人才分布失衡进一步凸显了这一差距：2022 届省内高校毕业生中，21.89%首选长三角（沪苏浙）就业，31.25%集中于合肥，省内其他地市仅吸纳34.54%，②反映出非省会城市人才吸引力的系统性短板。

全省人才集聚的地区与产业分布尚处于不平衡状态，省内县域间存在产业重叠、同质化明显、内部竞争激烈等问题，多数集中于汽车、旅游、果蔬、新材料等行业，除了部分基地外，多处于低端产业链，如产品加工、零配件生产等。③ 人才供需之间存在极大缺口，重点产业人才需求难以满足。2024 年至 2026 年全省新一代技术产业人才（集成电路、新型显示、智能终端、工业互联网、5G/6G、空天信息、云计算、大数据、软件和信息技术服务 8 个新兴产业和量子科技 1 个未来产业）总需求量约为 15.56 万人，2024 年、2025 年和 2026 年人才缺口规模分别为 1.86 万人、1.98 万人、2.31 万人，人才缺口规模累计约 6.15 万人。④

第三节　长三角人才分布特征与柔性共享需求

通过对长三角人力资源总体发展状况及各地人才分布情况的分析，可以看到该区域人才发展状况在共性特征上呈现了人才资源总量增加、学历层次不断提升、素质不断优化等特征；在差异特征上呈现了从业人员产业结构差异、科技人才分布差异、优势人才数量差异等特征；在面临的共性问题上，呈现了引进高端人才竞争激烈、各地人才资源两极分化严重和人才吸引力分化态势显著等特征。

---

① 范和生.安徽社会发展报告(2021)[M].北京：社会科学文献出版社，2021：30.

② 安徽省教育厅.2022 年安徽省普通高校毕业生就业状况报告[R/OL].[2023－02－10].http://jyt.ah.gov.cn/public/7071/40630234.html.

③ 范和生.安徽社会发展报告(2021)[M].北京：社会科学文献出版社，2021：24.

④ 安徽省人力资源和社会保障厅.安徽省新一代信息技术产业人才需求研究(2024—2026)[EB/OL].[2024－11－01].https://hrss.ah.gov.cn/zxzx/gsgg/80755136.html.

一、共性特征：总量增长、学历提升、素质优化

（一）人才资源总量持续扩容

随着长三角地区教育水平提升、本土人才培养力度加强以及富有竞争力的人才政策形成持续引才效应，区域内各城市人才总量实现全面增长。随着长三角区域人口整体文化水平的提高、教育培训力度的加大、大量外地人才的涌入，长三角区域内各地人才资源的总量都有不同程度的增加。上海每10万人中具有本科文化程度的人口由2010年的21 893人提升至2020年的33 872人，提高了55%。江苏全省人才资源总量在2024年超过1 400万人，较2017年增加250万人以上，增速显著；浙江省人才资源总量在2022年底达到1 481.78万人，比2015年增长37.8%，比2019年增长8.9%；截至2023年，安徽省专业技术人才503.3万人、技能人才724.4万人，较2021年分别增加51.9万人、112.4万人。[①] 毋庸置疑，人才资源总量不断增加是长三角区域内部人才资源的共性特征。

（二）人才资源学历层次显著提升

近年来，随着大量本科以及研究生毕业生加入就业人员队伍，长三角人才资源的学历水平得到极大提升。根据第七次人口普查的结果，2020年三省一市受教育程度为大学及以上的人口数分别为：江苏15 816 068人，浙江10 970 052人，安徽8 103 976人，上海8 424 059人。上海和江苏15岁及以上人口平均受教育年限分别为11.81年和10.21年，高于全国平均水平。与此同时，新生代劳动力的持续加入，使得区域人才梯队呈现活力提升与代际更新的良性发展态势。

（三）人才资源素质结构不断优化

长三角地区依托完备的基建体系、领先的科创资源与富有竞争力的人才生态，成为国内外人才关注的“热土”，吸引了大量人才涌入，这些不断加入的

---

① 班慧.招才引智：以“第一资源”激活发展“第一动能”[N].安徽日报，2024-10-31(1).

人才增量极大提升了长三角地区整体人才资源素质。同时，长三角地区高等教育资源丰富，仅“双一流”高校就占到全国的1/4，高等教育的普及使得长三角区域内从业人员的整体文化素质有了较大提高。此外，长三角区域内不断加大教育培训的投资力度，积极培育各类人才，极大优化了长三角地区人才资源素质。

二、非均衡特征：区域定位、产业优势与人才结构差异

（一）长三角区域内各地的发展定位不同

作为长三角世界级城市群的核心引擎，上海通过强化人才资源的辐射效应，在区域协同发展中发挥“头雁”作用。通过对长三角城市间人才流动职位的分析发现，上海向长三角其他城市输送的人才以中高级职位为主，而流入的人才以初级职位居多，充分体现了上海作为人才高地的引领作用。

基于这一人才流动格局，要充分发挥长三角各城市的协同效应，关键在于尊重和整合区域比较优势：比如，上海具有功能齐全的综合服务，江苏具有基础雄厚的实体经济，浙江具有蓬勃活跃的民营经济，安徽具有后发优势明显的科技创新。推进长三角一体化发展，需要积极探索比较优势基础上的共享共建，真正实现“1＋3＞4”的增值效应。

（二）长三角区域内各地的人才优势不同

长三角区域已经形成特色鲜明的人才差异化发展格局。作为国家级人才高地和科技创新策源地，上海利用高层次人才集聚的优势，持续发挥辐射和带动作用；江苏依托雄厚的制造业基础，培育了大批产业人才；浙江数字经济蓬勃发展，杭州互联网人才规模全国领先；安徽在新兴领域快速崛起，合肥人工智能人才持续保持高速增长。以信息与通信技术人才为例，长三角区域内各地人才分布特征显著：上海的优势在关键核心技术研发；苏州的人才优势在制造业，近70％属于制造业；南京有近30％在信息产业，尤其集中在硬件领域；杭州则以互联网和软件人才为特色。在未来发展中，只有整合三省一市比较资源优势，依托区域人才共享开展项目合作，才能更好地促进长三角一体化发展。

（三）长三角区域内各地的人才结构不同

长三角区域内各地人力资源配置的差异特征集中体现在产业要素分布格局的差异性上。从动态演进特征来看，该区域正经历着由第一产业能级跃迁向第三产业主导的产业结构演进过程，但省际间呈现显著的差异：江苏、浙江、安徽分别于2017、2017、2019年首次呈现从业人员产业结构的"三二一"模式，而上海早在2000年就已完成这一转变，时至今日，趋势越发明显。由于"五个中心"建设的推进，金融、贸易、信息服务等行业的高端人才不断涌入，同时伴随着现代化国际大都市建设和高水平人才高地建设的推进，上海对高端人才的需求持续扩容，人才结构的高端化趋势更加明显，特别是对战略科技人才、一流科技领军人才和创新团队、卓越工程师的需求进一步扩大。而苏浙皖一些区位条件较好的城市接受了上海的部分产业转移，吸引了大量的技术人才和劳动力，因此长三角区域各地人才结构逐渐形成了有序差异格局。

三、核心矛盾：高端人才争夺激烈与两极分化

（一）引进高端人才竞争激烈

当前长三角地区在国际高端人才争夺中面临国内外多重竞争压力。从国际环境看，发达国家通过制度壁垒、平台建设和服务优化等多维度构建人才虹吸体系。与此同时，国内京津冀、粤港澳大湾区等重点区域也纷纷加码引才政策，在人工智能、集成电路等关键领域展开激烈的人才争夺，导致高端人才供需矛盾日益突出。这种"外有强敌环伺，内有同质竞争"的态势，使长三角在国际人才争夺战中面临严峻挑战。

（二）各地人才资源状况两极分化严重

虽然长三角地区内部经济规模差距呈缩小趋势，但是绝对差距仍然较大。从人均生产总值来看，沪苏浙一直高于全国平均水平，2020年上海人均生产总值达到15.58万元，居长三角第一，苏浙紧随其后，分别为12.12万元和10.06万元。安徽低于全国平均水平，仅6.34万元。[①] 安徽的综合实力比江浙沪要

① 王振，胡雯，陈程. 长三角人才一体化发展研究[M]. 上海：上海社会科学院出版社，2023：17.

稍逊一筹，以致安徽不仅人才外流趋势明显，而且对人才的吸引力相对不足、招才引智的难度加大。在长三角人才一体化加速推进的大环境下，区域间人才流动壁垒大幅削弱，人才在长三角各地的流通更为高效与自由。然而，安徽省由于经济发展水平与长三角其他发达地区存在差距，这种落差极易演变为人才队伍建设的短板，致使人才“虹吸效应”凸显。

长三角区域内各地经济发展程度参差不齐，对人才的吸引能力也大相径庭，“强者越强，弱者越弱”的“马太效应”现象突出，优势地区因集聚更多资源而越发强大，弱势地区则因资源匮乏而发展滞后，这使得各地人才资源分布严重不均衡，呈现两极分化态势。像上海、杭州、南京这些长三角核心城市，坐拥优越的地理位置，在人才流动浪潮中成为最大赢家，而一些欠发达城市却出现了精英人才流失，人才地位下降等问题。《2024 年长三角城市群大学生就业趋势报告》显示，上海吸纳了区域内约 20％的高校毕业生，杭州、南京紧追其后，分别占比 12％、8.8％。相关研究也显示出类似的人才流动趋势，上海高校生源所在地最多的省份分别是上海、江苏、浙江和安徽，其中上海一地占比为 17.12％，却有高达 70.75％的毕业生选择留在上海工作。[①] 以沪苏浙皖普通高校人才队伍为例，安徽的中高级职称人才，尤其是正高级职称人才比较缺乏，在一定程度上直接影响了安徽创新能力的提升。

表 4－5　2023 年三省一市普通高校人才队伍建设情况[②]　单位：人

地区	正高级职称	副高级职称	中级职称	初级职称	无职称
上海	10 383	15 755	17 890	5 066	2 431
江苏	19 405	33 344	45 426	21 517	9 303
浙江	12 278	18 379	29 701	13 571	7 465
安徽	8 160	15 405	25 491	16 683	10 590

① WANG Q, CUI C, YU C, et al. From domicile to university to work: the sequential migration of young educated people in the context of the “battle for talent” in China[J]. Population Research and Policy Review, 2023, 42(6): 1－26.

② 中华人民共和国教育部. 高等教育专任教师学历、专业技术职务情况（总计）[EB/OL]. [2024－12－25]. http://www.moe.gov.cn/jyb_sjzl/moe_560/2023/gedi/202501/t20250120_1176250.html.

（三）人才吸引力呈现显著分化态势

长三角整体上展现出强大的人才虹吸效应，吸引着来自全国各地乃至全球的优秀人才。然而，深入剖析后不难发现，区域内各个城市在吸引人才的能力方面存在极为显著的差异，呈现出复杂且多元的格局。

上海，作为国际化大都市，其经济发展水平位居全国前列，金融、贸易、科技等领域高度发达，为人才提供了良好的发展机遇。同时，优质的教育资源汇聚于顶尖学府，先进的医疗设施能满足各类高端医疗需求。凭借这些得天独厚的优势，上海对长三角地区、国内其他区域乃至全球的人才都有着无可比拟的吸引力。《中国城市95后人才吸引力排名：2024》显示，上海在排名中稳居榜首，成为年轻人才向往的高地。杭州，凭借互联网经济的蓬勃发展，新兴产业崛起，创新创业氛围浓厚，也跻身人才吸引力前列。值得注意的是，江浙地区整体表现突出，浙江有10个城市、江苏有8个城市成功入围前50强，充分彰显了江浙地区城市在吸引人才方面的强劲实力。

进一步通过对2017年第三季度至2018年第四季度的中高端人才净流入情况的分析，可以更深入地洞悉长三角城市的人才吸引力格局。数据显示，杭州以10.47%的人才净流入率在全国中高端人才净流入率排名中拔得头筹，宁波以10.22%的净流入率紧随其后，嘉兴作为非副省级城市和除省会城市外中高端人才流入率最高的城市，以7.21%的流入率位列第四。这些数据直观地反映出部分城市在吸引中高端人才方面的突出表现。

与之形成鲜明反差的是，安徽省的多数城市陷入人才净流出的困境。淮南、安庆、六安、亳州、阜阳、铜陵等城市成为人才净流出率较高的典型代表。进一步探究长三角区域内各城市的人才吸引力结构，可清晰地发现"核心—半核心—边缘"的三级结构。除了上海、杭州这类核心城市持续吸纳高端人才外，诸如连云港、徐州等苏北五市，人口净流出率高达10%—20%。这些城市不仅面临着外部人才流入动力不足的难题，而且本地存量人才也加速流失，陷入双重困境，严重制约了城市的发展活力与创新能力。在《中国城市95后人才吸引力排名：2024》中，安徽仅有2个城市上榜，这一数据深刻折射出安徽与长三角其他地区在人才吸引力方面的巨大差距。相较于长三角其他三地，安徽省在经济发展水平、产业结构优化程度、公共服务质量等方面存在较大差距，这使得人才外流现象难以避免。从国际经验来看，新兴发展中国家在朝着发达国家迈进，即人均国内生产总值从 3 000 美元向 10 000 美元发展的进程中，多数国家都经历过人才外流阶段。[①]

---

① 陈书洁.京津冀人才资源开发及合作策略[J].北京社会科学，2011(4)：56－62.

第五章 长三角人才柔性共享的探索与实践

长三角一体化发展进程揭示了区域协同能级的跃升，本质是人才要素配置范式的革命性创新——从传统的属地管控走向跨区域共享模式。这一转型不仅需要突破物理空间约束，例如构建"轨道上的长三角"，更亟须重构人才治理的制度框架。长三角通过便捷交通网络实现时空压缩，叠加人力资本梯度差形成的优势，构成人才柔性共享的坚实基础。

从"星期日工程师"的民间自发流动，到G60科创走廊的制度化协同，长三角人才共享的生动实践，展现出"要素驱动—市场驱动—制度驱动"的演进轨迹。《长江三角洲区域一体化发展规划纲要》提出的沪苏浙皖三省一市要"加强人力资源协作""促进人力资源特别是高层次人才在区域间有效流动和优化配置"，正是通过制度型开放破解行政边界的创新尝试，为"飞地孵化""揭榜挂帅"等特色实践提供了制度支撑。长三角的实践表明，当人才共享的生成逻辑、演进路径与实践范式形成系统耦合时，将释放人力资本红利的乘数效应。

第一节 长三角人才柔性共享的生成逻辑

一、资源要素的多维支撑

长三角区域发展优势主要体现在以下四个方面，形成相互支撑的有机体系：

第一，与京津冀、粤港澳相比，长三角区域各个城市的发展更为均衡，有较好的经济基础和活跃的经济形态。《2023年中国城市发展潜力排名》报告显示，十大最具潜力城市中，长三角占到了40%，分别为上海、杭州、南京、苏州。长三角41个城市中共有18个城市进入全国城市GRP排名前50。

第二，从历史发展来看，长三角区域的开放程度一直较高，区域内的从业人员有更高的文化认同度，更容易形成“长三角人”的认同观念。

第三，长三角区域的创新资源丰富、创新能力强劲。《2023年长三角创新驱动力指数报告》显示，在京津冀、长三角、粤港澳三大国家级创新雁阵格局中，长三角创新雁阵规模最大，且层次梯队分明。从创新驱动力空间分布看，长三角地区41个城市呈现出鲜明的雁阵格局和梯度差，长三角已经形成了以上海为强劲头雁引领，南京、杭州、合肥、苏州为强劲雁翼支撑，以及宁波、南通、常州、芜湖等一批重要支点城市，共同组成了强劲活跃、创新链和产业链深度融合的创新方阵。2017年至2022年，长三角地区创新驱动力的年均进步率达4.8%，创新雁阵强劲活跃，呈良好上升趋势。①

第四，长三角地区已迈入后工业化与数字经济并行的发展新阶段，依托全产业链配套能力与梯度化产业互补优势，培育出集成电路、生物医药、人工智能等若干世界级产业集群。近年来，区域聚焦打造世界级先进制造业集群，以先进制造业与战略性新兴产业为双轮驱动，通过创新链与产业链深度融合，推动产业集群能级跃升，显著增强在全球价值链中的技术主导权与标准话语权。截至2022年8月，长三角地区集成电路产业规模占全国的58.3%，生物医药和人工智能产业规模均占全国的1/3左右。②

---

① 沈欣妍，易佳颖. 上海社科院副院长王振：长三角创新驱动力年均进步率达4.8%，创新雁阵强劲活跃[EB/OL].[2023-10-28]. https://m.21jingji.com/article/20231028/herald/c974a38f5b2347ace6664ae957ae3238.html.

② 刘士安，巨云鹏. 长三角扎实推进一体化高质量发展[N]. 人民日报，2022-08-24(1).

表 5-1 2023 年沪苏浙皖及长三角地区人均地区生产总值和全国人均国内生产总值情况

地 区	人均地区生产总值(万元)	国内生产总值(万美元)
上海	19.03	2.70
江苏	15.05	2.14
浙江	12.50	1.77
安徽	7.68	1.09
长三角地区	12.84	1.82
全国	8.94	1.27

表 5-2 2023 年长三角地区 41 个城市人均地区生产总值情况

单位：万美元

大于 2.0	1.5—2.0	1.0—1.5	0.5—1.0
无锡(2.93)	合肥(1.85)	徐州(1.40)	安庆(0.99)
苏州(2.70)	嘉兴(1.80)	铜陵(1.34)	淮北(1.00)
上海(2.70)	芜湖(1.80)	台州(1.32)	蚌埠(0.91)
常州(2.67)	马鞍山(1.68)	滁州(1.32)	淮南(0.75)
南京(2.60)	湖州(1.66)	衢州(1.31)	六安(0.69)
舟山(2.54)	盐城(1.57)	连云港(1.35)	亳州(0.64)
宁波(2.42)	淮安(1.57)	温州(1.27)	宿州(0.62)
镇江(2.32)		宿迁(1.25)	阜阳(0.58)
扬州(2.30)		池州(1.19)	
杭州(2.29)		金华(1.19)	
南通(2.16)		黄山(1.13)	

续 表

大于 2.0	1.5—2.0	1.0—1.5	0.5—1.0
泰州(2.12)		宣城(1.11)	
绍兴(2.06)		丽水(1.11)	

二、交通网络的便捷高效

空间经济学认为，一个相对独立的区域经济的空间边界并非由行政区划边界决定，而是由技术进步决定的交通条件和交通成本所决定。① 国内外区域一体化的经验都表明，基础设施一体化向来都是区域发展的先决条件和协同治理的发端环节。② 这几年随着长三角一体化发展，长三角交通一体化得到了飞跃式发展，为人才柔性共享奠定了重要的基础和条件。

从已有的交通一体化发展情况看，长三角综合交通发展水平位居全国前列。长三角地区枢纽型机场、港口、高铁网络和高速公路网络等区域性快速交通骨干网络已基本形成。截至 2024 年底，长三角铁路营业里程突破 1.5 万公里，跃居全国铁路第一，其中高铁营业里程超 7 700 公里，③沪宁合杭之间已经基本实现高频次 1 小时快速通达，促使长三角城市群迈入同城化时代。

交通发展为长三角人才流动带来了更多的便利，孕育了更多的“轨道人才”。交通条件的改善，为跨区域人才交流与合作战略升级添加了看得见的“翅膀”，让人才合作正在从地缘性区域合作向跨区域战略性合作迈进。目前，工作在一座城市而生活在另一座城市的跨区域生活方式屡见不鲜。企业在上海设立研发总部，在安徽建立生产制造基地，工程师们依靠快捷的高铁在城市间穿梭往来已经成为长三角人才流动的新现象。又比如，家安在昆山，工作在上海的“城际候鸟”式人才共享屡见不鲜，长三角密如蛛网的城际铁路和高速公路，让每日往来其间的“长三角人”越来越有“异地同城”之感。交通一体化

① 陈建军. 浙江经济：经济全球化进程中的机遇和定位[J]. 浙江社会科学，2003(1)：47 - 48.

② 许涛，张学良，刘乃全，等. 2019—2020 中国区域经济发展报告——长三角一体化与区域协同治理[M]. 北京：人民出版社，2020：65.

③ 崔艺林. 长三角铁路营业里程破 1.5 万公里[N]. 解放日报，2025 - 01 - 08(10).

的发展有力突破了人才共享受时空距离的限制，放大了长三角的辐射范围，助推区域一体化迈向高质量发展新阶段。

三、人才资源的高度集聚

长三角地区坐拥得天独厚的地理环境，经济发展态势强劲，形成了全国领先的人才资源集聚高地在人才资源发展上呈现三大显著特征：其一，人才国际化程度较高，众多具备国际视野与多元文化背景的人才在此汇聚，为区域发展注入了国际化活力；其二，通用型技能人才的结构性优势突出，形成与产业适配的稳定供给；其三，人才空间分布与区域功能定位高度耦合，呈现梯度协同的差异化布局。

以近几年发展中供不应求的高水平人才和数字人才为例，已有研究表明，长三角地区对于国际、港澳台和国内其他地区的高水平人才和数字人才具有较强的吸引力，其中尤以上海、杭州和苏州的综合吸引力最强。数字人才流入/流出比达到 1.35，吸引力最大的城市是杭州，人才流入/流出比达到了 1.74。[①] 在海外人才净流入的前十名城市中，长三角城市群中的上海、杭州、苏州、宁波位列其中，显示了长三角区域对于海外人才具有的吸引力。[②] 综合来看，长三角的人才基数大、素质高，人力资源丰富，国际交往活跃，对国内外人才都有较强的吸引力。

从行业角度看，长三角地区在科技人才特别是人工智能领域具有显著优势。作为 21 世纪最具战略性的前沿科技领域，人工智能不仅引领新兴产业发展，而且能够赋能千行百业转型升级。数据显示，长三角地区人工智能高端人才占全国总量的 32.5%，在全国人才分布格局中呈现明显集聚特征：在省级行政区人工智能人才集聚度排名中，前五位中长三角占据三席（江苏、上海、浙江），安徽位列第七。[③]

---

① 清华大学经济管理学院互联网发展与治理研究中心，上海科学技术政策研究所. 人才驱动长三角地区区域一体化与数字化转型[J]. 国际人才交流，2019(3)：20-22.

② 于博，张骅，龚晨. 从海外经历调查与人才流动趋势看上海的人才国际化[J]. 科学发展，2021(1)：61-66.

③ 王振，刘亮. 长三角地区经济发展报告 2022—2023[M]. 北京：社会科学文献出版社，2024：276.

此外，从长三角区域内各地科技人才的变化情况来看，R&D人员和R&D研究人员增长趋势能够反映地方研发人力投入的情况，一定程度上反映出科技人才的实力。从2019年以来长三角各地R&D人员数量及变化情况来看（如表5－3所示），安徽R&D人员增长情况最为显著，年均增长率达到了12.08%，其次为浙江和上海，分别为10.89%和10.76%。从R&D研究人员来看，长三角各地区的增长率均超过了8%，其中，浙江和上海更快，分别为11.39%和11.06%。①

表5－3　长三角区域内各地R&D人员和R&D研究人员数量及变化情况

地区	R&D人员全时当量			R&D研究人员全时当量		
	2019年（万人·年）	2023年（万人·年）	年均增长率（%）	2019年（万人·年）	2023年（万人·年）	年均增长率（%）
上海	19.86	29.89	10.76	11.06	16.83	11.06
江苏	63.53	89.95	9.08	24.55	33.69	8.24
浙江	53.47	80.85	10.89	15.31	23.57	11.39
安徽	17.53	27.66	12.08	7.64	11.28	10.25

从动态角度看，长三角对于人才的吸引力远远超过其他城市群。智联招聘2021年求职大数据显示，长三角、京津冀、粤港澳三个地区的非本地求职人数占比差异较大，其中，长三角城市群的占比达到23.88%，流入人数最多；粤港澳大湾区为14.7%，位居第二；京津冀为13.32%。此外，在长三角、京津冀、粤港澳、成渝城市群等四个城市群中，长三角对人才的吸引力位居榜首。

人才净流入占比呈上升趋势反映了长三角人才的集聚趋势。《中国城市人才吸引力排名：2024》显示，从2019年至2023年，长三角人才净流入占比从5%上升至7.8%，高于珠三角等其他城市群，大量人才向长三角集聚。而且在青年人才流入方面也呈现出很多亮点，数据显示，长三角对95后人才的集聚

① 参见2020年至2024年《中国科技统计年鉴》。

效应显著超越全国整体流动水平，具体表现为：2023 年该群体净流入占比为 9.1%，高于全国总体流动人才的 7.9%。[①] 其中，苏州的人才净流入占比从 2019 年的 0.3%上升至 2023 年的 0.8%，保持人才的持续集聚。南京的人才净流入占比从 2019 年至 2023 年一直稳定在 0.7%—1%之间。2018 年“宁聚计划”实施后南京户籍人口每年增量都超过 10 万人。

四、人才结构的梯度互补

长三角具有丰富的人才资源和各具特色的人才优势，不同地区的优势与不足形成了一定的互补，有利于区域人才柔性共享的推进。上海的人工智能，浙江的互联网、电子支付、电子商务，安徽的量子信息和人工智能，江苏的未来网络等形成优势互补。上海的国际化人才、浙江的数字人才、江苏的制造业人才、安徽的原始创新人才都各具特色。

第一，上海具有丰富的人才资源优势，尤以国际化人才见长。作为长三角区域的龙头城市，上海具有丰富的人才优势和突出的国际化优势等特色。根据《全球创新城市教育科技人才协同发展评估报告暨 SET 指数 2024》显示，上海在人才发展维度位列全球 30 个创新城市的第十位，在科研人才规模上展现出较强的竞争力。《2023 上海科技进步报告》显示，上海综合科技创新水平连续多年位列全国首位，在世界知识产权组织发布的《全球创新指数 2023》中，上海—苏州集群排名上升至全球第五位。全球高层次人才近悦远来，据统计，截至 2023 年底，上海累计核发外国人工作许可证 44.1 万份，其中外国高端人才(A 类)8.3 万余份，留学回国人才累计超 31 万人，外国人才集聚度持续位居全国首位。[②] 根据脉脉数据研究院提供的国内城市海外人才净流入排名显示，2019 年 5 月至 2020 年 4 月底，上海、北京、深圳位居海外人才净流入城市排名的前三位。

第二，浙江的数字人才优势明显。以杭州为例，戴德梁行和上海社科院联

① 任泽平团队. 中国城市 95 后人才吸引力排名：2023[EB/OL].[2023－11－01]. https://news.qq.com/rain/a/20231102A000GY00.

② 范宇斌.《上海创新创业生态研究报告》发布[EB/OL].[2024－05－18]. https://www.chinanews.com/cj/2024/05-18/10219132.shtml.

合发布的《2019长三角产业协同发展白皮书》显示——在产业成长性方面，依托互联网等创新产业，杭州近年来发展快速，呈现出跻身长三角与上海成为双核心的潜力。杭州因数字经济、生命健康领域等产业发展迅速，人才净流入占比常年维持在较高水平，近5年均超1.2%。相关数据显示，2023年，杭州全年数字经济核心产业增加值同比增长8.5%，占全市生产总值比重达28.3%，在全国位居首位。①

第三，江苏的制造业人才资源全国领先。以制造业重镇苏州为例，苏州拥有全部工业门类中的35个大类，规模以上工业总产值持续保持在4万亿元以上。② 2023年苏州拥有国家科技型中小企业超2.5万家，高新技术企业超1.57万家，分别位列全国第一、全国第四③，庞大的经济体量和产业规模为人才提供了大量就业机会，迸发出持续的人才吸引力。《2024年中国城市人才吸引力排名》报告显示，2023年苏州地区人才流动呈现结构性特征：在流入人才中，24.5%来源于生产、加工、制造业，流出人才中，27%来源于生产、加工、制造业，进一步印证了苏州的制造业人才优势。

第四，安徽原始创新活跃强劲。以合肥为例，大科学装置是催生原始创新和尖端科研成果的“利器”，合肥目前已建、在建、预研的大科学装置已达13个，④是我国第二个国家科学中心。拥有顶级985大学中国科学技术大学和3个国家实验室。以较好的大科学装置、国家实验室等为依托，安徽近几年在原始创新方面表现出较强的能力，在量子信息、生命健康、单分子科学等方面产出了一批具有世界领先水平的科技成果。

五、高层次人才的异质协同

长三角“三省一市”高层次人才引育政策呈现“共性框架与差异化导向”并存的特征。在共性层面，四地均聚焦海外经历、紧缺领域专家、国际规则熟稔

① 任泽平团队. 中国城市发展潜力排名：2023[EB/OL]. [2023-09-27]. https://news.qq.com/rain/a/20230928A000AN00.

② 长三角与长江经济带研究中心. 重磅发布！长三角城市经济30强成绩单来了[EB/OL]. [2025-02-27]. https://cyrdebr.sass.org.cn/2025/0227/c6215a576399/page.htm.

③ 陆晓华. 产业科技创新做强发展“主引擎”[N]. 苏州日报，2024-07-03(A01).

④ 刘静文. 大科学装置“拔节生长”创新动能“蓄势奔涌”[N]. 安徽日报，2025-03-05(5).

度、顶尖学术头衔等核心指标。差异性则体现为：上海聚焦国际化导向，聚焦顶尖科学家与产业领军人才（人工智能、集成电路、生物医药领域），强化全球科创策源；浙江不仅涉及创新创业人才，还侧重拥有自主知识产权和人工智能、生物制药等领域的前沿人才；苏皖树立产才融合导向，江苏以集成电路、新能源等重点产业为锚点，推行“以企引才、以链聚才”模式，安徽通过建设 20 个省级海外人才基地，构建“载体化”团队引进机制。

第二节　长三角人才柔性共享的发展历程

一、要素自发流动阶段：民间技术协作与“星期日工程师”现象

20 世纪 70 年代末至 80 年代初，是上海周边城市尤其是苏南各地区开始发展乡镇企业之时，如何解决乡镇企业人才瓶颈问题，是当时面临的困境之一。相比而言，上海工业发展相对成熟，技术较为领先，人才较为集中。上海周边城市通过走亲访友，请“上海师傅”，依托“星期日工程师”发展乡镇经济，自发建立了一些临时松散的合作关系。“星期日工程师”周末往返于上海市区与周边省市之间，推动了上海周边省市一大批中小企业的腾飞。1988 年上海市星期日工程师联谊会成立，从 3 000 余名报名者中筛选出正式会员 1 700 余人。这种民间自发型的要素流动，对乡镇企业早期发展起了重要的推动作用。这个阶段虽然信息渠道比较狭窄，共享形式比较单一，人才共享还不成规模，但它是长三角地区人才共享的萌芽时期，并最终引发了长三角第一波人才合作浪潮。

二、市场驱动探索阶段：企业联盟式技术共享与项目合作

20 世纪 80 年代中期至 90 年代中期，上海的一些国有企业为了提高经济效益，主动以建立零部件配套体系、原辅助料生产基地、产品定牌加工和经济联合等形式，与近邻的江浙企业联营；区域内的多种市场主体，也竞相与上海企业进行合作，逐步形成一个以全面工业化为基础、受计划经济与市场经济共同影响的区域产业布局体系和以垂直分工为特征的分工协作体系。

在这种经济背景下，仅仅依靠“上海师傅”和“星期日工程师”已显得捉襟见肘，上海和江浙地区需要更多其他形式的人才共享。此时，企业联盟式技术共享、企业间项目合作、业务外包等人力资源共享形式开始涌现，人才交流的信息渠道也不再仅仅依赖亲朋好友的引荐，人才中介市场开始发挥作用。这个阶段主要是三地企业联合发展的过渡阶段，柔性共享形式出现了多样化和小规模化。

三、政府市场协同阶段：区域人才合作多元化发展

20世纪90年代中期以来，长三角区域人才共享进入快速发展时期。尤其在党中央提出实施浦东开发开放战略之后，接轨上海成为各大城市的发展战略，大规模的政府主导型“经济、科技、人才”接轨活动和多形式、多领域的市场合作交相辉映，主动融入、接受辐射成为主旋律。以湖州为例，“九五”以来，每年从上海等地“柔性引进”高层次人才50名以上，成为高层次人才引进的重要渠道。众多的跨国公司进驻长三角，形成了跨三省市的产业链，人才梯队形成了实实在在的共享和一体化。

这个时期出现了更多的政府引导行为，2003年3月，沪苏浙三省市高层实现互访，共商长三角经济一体化发展大计。4月，沪苏浙三省市人事厅(局)及所属的19个城市人事部门聚首上海，首开“长江三角洲人才开发一体化论坛”，签署《长江三角洲人才开发一体化共同宣言》，实施了具有实质意义促进长三角人才交流共享的措施和手段，标志着人才柔性共享政府层面的机制化推进正式提上日程。由此，长三角人才柔性共享呈现多元化，由点及面，不断推进。同年8月，上海、浙江、江苏三地的人才资源从制度层面跨出自由流动和共享的第一步，首批包括高层次人才智力共享、专业技术职务任职资格互认、专业技术人员继续教育资源共享、博士后工作合作机制、公务员互派交流学习、人才服务合作等六项推进长三角人才一体化合作协议正式在杭州签约。①

在发展过程中，人才信息渠道蓬勃拓展，人才柔性共享得以实现。以上海

① 谢云挺. 沪浙苏：跨出人才共享第一步[N]. 新华每日电讯，2003-08-08(2).

为例，2004 年上海市有人才中介机构 413 家，其中国有企业 73 家，事业单位 30 家，民营机构 290 家，中外合资机构 20 家。各人才中介机构在远程面试、人才测评、人事代理、人才派遣等业务领域不断拓展，市场服务功能进一步提升。网络招聘服务力度大力增强。2004 年 6 月，上海、浙江和江苏三地 19 个城市人事部门共同签订《关于定期举办网上人才交流大会的协议》，并于当年 11 月举办了“2004 年长三角地区首届网上人才交流大会”。① 2010 年 10 月，上海、浙江和江苏三地 10 市 1 区的科协组织，组建长三角地区高端智力人才战略联盟（简称“长三角高端人才战略联盟”）。② 2012 年 8 月，由上海、南京、杭州等长三角 19 个城市的人才中心组成的“长三角政府人才网站联盟”联合推出“长三角大中城市招聘信息联合搜索”平台。③

区域人才合作多元化发展也同时推动了制度的衔接，为长三角一体化发展带来了便利。例如，通过职称互认，为长三角企业跨地区发展带来了便利。上海有较多江苏、浙江的建筑企业，建筑企业评资质与企业高级职称技术人员的数量关系密切，各地职称互认以后，为企业运作带来了非常大的便利。

四、战略引领深化阶段：长三角生态绿色一体化示范区制度创新

2018 年 11 月 5 日，习近平总书记在首届中国国际进口博览会上宣布，支持长江三角洲区域一体化发展并上升为国家战略，④标志着长三角区域的发展进入一个新的历史阶段。2019 年 12 月，中共中央、国务院出台《长江三角洲区域一体化发展规划纲要》（简称《规划纲要》），长三角区域一体化发展正式由“区域联动”转向“国家主导”。长三角人才一体化发展进入了加速提升阶段，人才柔性共享向纵深推进和发展，出现了更多形式和模式的人才柔性共享实践，推动了更多的体制机制创新，促进了海内外优秀人才向长三角区域高质量

① 谢军.“长三角”人才开发一体化有效运行[N]. 光明日报，2004－12－04.

② 胡作华. 长三角十市一区 29 日组建高端智力人才战略联盟[EB/OL].［2010－10－29］. https://www.gov.cn/jrzg//2010-10/29/content_1733340.htm.

③ 项凤华. 长三角 19 个城市打造招聘信息联合搜索[N]. 现代快报，2012－08－15(F15).

④ 中华人民共和国商务部. 习近平出席首届中国国际进口博览会开幕式并发表主旨演讲[EB/OL].［2018－11－05］. https://m.mofcom.gov.cn/article/ae/ldhd/201811/20181102803311.shtml.

集聚，高效赋能长三角一体化和长江经济带的快速发展。①

随着安徽省的加入，长三角不仅扩大了版图，而且积极探索了人才柔性共享的更多可能，苏浙皖沪四地共同签署了《三省一市人才服务战略合作框架协议》《长三角人才一体化发展城市联盟章程》等协议，旨在推进人才领域更高水平的协作开放，推动各类高端人才与周边区域的流动共享，以确立长三角区域在全球人才竞争中的比较优势。

事实上，联盟城市加大探索力度，共同发布了长三角人才驿站、人才绿卡、人才培训等试点合作项目。同时，长三角一体化示范区执委会联合沪苏浙一市两省科技外专部门联合发布了《长三角生态绿色一体化发展示范区外国高端人才工作许可互认实施方案》，在要素流动领域一体化制度创新上取得新进展。方案通过充分发挥市场配置资源的决定性作用，打破行政壁垒，畅通人才要素流动渠道，支持外国高端人才在一体化示范区内自由流动，旨在构建更加开放的人才合作共享机制，打造外国高端人才来华工作首选地、自由流动示范区、创新创业活力场，推进一体化示范区高质量发展。长三角区域人才共享得到了纵深发展。

第三节　长三角人才柔性共享的实践范式

经过 40 多年发展，长三角各地区“合则共赢，离则俱损”的意识逐步增强。人才合作和人才资源共享的形式也更加多样化。除了传统意义上的外包式人才共享、租赁式人才共享、项目式共享和兼职式共享等表现形式，还涌现了“人才飞地”共享、“揭榜挂帅”人才共享、公务挂职流动共享、平台基地式共享和候鸟式共享等多样化人才共享形式。②

一、“人才飞地”共享

“飞地”指隶属于特定行政区划管辖但地理空间上不相毗连的土地，最初

① 姚凯．深化人才一体化，赋能长三角高质量发展[N]．光明日报，2021-09-23(8)．

② 陈亮，石晓飞．京津冀人才柔性共享机制研究[M]．北京：人民出版社，2021：176-183．

源于历史沿革、地缘政治和自然地理等原因形成的行政飞地，后来演化为产业梯度转移的重要实践载体。“人才飞地”由“飞地”概念引申而来，指的是地方政府从自身需求出发，打破行政区划界限，在域外设立的跨区域创新合作平台。通常而言，“人才飞地”的“飞出地”经济社会发展水平相对滞后，而“飞入地”是人才集聚、创新资源密集的海内外中心城市。① 近年来，“人才飞地”不断涌现，借助飞入地的科技创新资源集聚优势，实现研发、生产两地化。

与其他人才柔性共享形式相比，“人才飞地”共享具有以下一些鲜明特点：第一，异地筑巢，借势聚才。与传统的“栽下梧桐树，引来凤凰栖”的“筑巢引凤”式吸引人才汇聚的方式不同，“人才飞地”将传统的“本地筑巢”变为“邻凤筑巢”聚人才，是一种“工作生活在飞地，服务贡献为本地”的异地聚才新路径，这种柔性引才模式有利于实现人才资源、创新成果的共享。比如，华为在 20 多年前为了留住一位俄罗斯数学天才少年，特意在俄罗斯当地设立了数学研究所，并于 10 年后在他攻破的从 2G 到 3G 的算法基础上，推出一款针对欧洲市场的 Single RAN 方案。②

第二，以弱引强，反向赋能。欠发达地区（飞出地）主动利用飞入地的资源优势，反向弥补自身短板，成为经济相对后发、人才吸附能力相对较弱的地区“借力创新”的新模式。通过设立离岸孵化基地，鼓励各县区和企业到国内发达地区、海外设立研发中心、分支机构等“人才飞地”和离岸孵化器，就地使用人才资源，解决了人才吸附能力较弱的窘境。

第三，三方受益，合作共赢。从人才来看，既能获得一线城市发展机会，同时又能保留家乡福利。从企业来看，不仅能够降低引才成本，也能够共享飞入地科研设施。从区域来看，飞出地破解引才困境，比如，安徽省宣城市针对企业面临的高层次人才不愿赴宣城、本地招聘遇阻等问题，通过在上海设立飞地研发中心，实现“人才沪聘、技术回宣”的逆向引智路径，既满足人才留沪发展诉求，又为本土产业注入创新动能。而飞入地能丰富创新生态，比如上海因飞地集聚更多企业资源。

---

① 潘家栋，包海波. 创新飞地的发展动向与前景展望[J]. 浙江学刊，2021(3)：125－131.

② 孟晚舟. 读书万卷，咖啡千杯[EB/OL]. [2022－09－02]. https://www.sznews.com/news/content/2022-09/02/content_25348817.htm.

由于区位、资源、历史等多因素的影响，长三角地区的城市呈现“核心—半核心—边缘”的差序格局，不少处于半核心，尤其是边缘位置的城市为了破解人才总量少、高端人才稀缺、引才留才难的“痛点”，尝试探索“人才飞地”共享的模式。人才飞地建设正成为长三角一些城市推进一体化的重要举措，比如，浙江嘉兴高度重视“人才飞地”建设，已在上海建成包括沪嘉协同创新中心、海宁·上海创新中心、上海虹口·浙江桐乡联合科技创新港等7个“人才飞地”。

浙江衢州通过创新“人才飞地”模式破解山区引才困局。面对区位劣势，衢州自2013年起在杭州未来科技城打造首个“飞地”衢州海创园，随后拓展至上海张江、杭州绿海等地，形成跨区域协同创新网络。通过“研发在飞地、生产在衢州”的产业协同机制，艾森药业等企业实现研发孵化与产业转化分离发展，禾川科技等县内企业借力飞地组建200余人研发团队。政策层面首创“四个同等＋四个不限”：飞地人才同等享受津贴、购房等四大待遇，突破户籍、社保等四大限制，并与杭州共建人才互认机制，实现“政策择优”双向选择。“人才飞地”已成为衢州集聚高端人才，发展高新产业，推动高质量发展的重要平台。

浙江嘉善创新打造全球人才集聚高地，通过“人才飞地”模式构建国际创新网络。其核心载体嘉善国际创新中心（上海）自2019年10月启用后成效显著，至2020年6月孵化区入驻率达80%，成功推动博升光电等4个项目落地产业化。该中心探索“孵化在中心、产业化在嘉善”“研发在中心、生产在嘉善”“前台在中心、后台在嘉善”的协同创新模式，着力打造成海内外高端人才创业集聚中心。配套“创十条”专项政策提供人才奖励、住房保障等十个方面的重磅支持，实现“同城待遇＋特殊优待”双轨并行。同时布局荷兰创新中心，通过与当地政府磋商“双政策”叠加机制，深度对接“一带一路”创新资源，开辟海外引才新蓝海。这种“前台孵化＋后台落地”的创新生态，既强化了长三角人才资源共享，又通过全球创新链整合为区域发展注入新动能，成为长三角一体化战略下人才强企的实践典范。

浙江金华深化“研发在沪杭、生产在金华”飞地模式，联动长三角创新资源。通过在上海、杭州、宁波布局浙江人才大厦、浙江创新中心等载体，构建跨区域研发网络。2019年至今，名仕科技、道明光学等10余家企业已在沪杭设立研发中心超 10 家，集聚大量高层次研发人才。同步推动县市企业借飞地升级，通过“柔性用才＋硬核转化”，助推区域高新技术产业持续高速增长，技术成果转化规模连年跃升。

安徽芜湖创新构建沪芜“双城互哺”人才飞地体系，自 2020 年起在上海市松江区建立延揽高端人才的“科创飞地”，通过“上海研发中心—芜湖产业化基地”的链式布局，实行跨省域企业“双注册”机制，实现研发主体同步享受上海松江的长三角 G60 科创走廊政策与芜湖市的“紫云英人才计划”双重支持，使人才同时享受上海和芜湖两地的人才政策福利。

二、“揭榜挂帅”共享

“揭榜挂帅”共享是长三角区域近年来创新实践的一种人才共享形式，该方式的核心是把本地产业发展急需的关键核心技术项目张榜求贤，通过向高校科研院所、行业领军人才和团队招募人才，实现关键技术突破的用才方式。其本质是以重大科技创新需求为导向，通过资源整合和选贤任能，创新科技经费管理方式，推动开放创新和协同发展的一种新体制、新机制和新模式。①

由于“揭榜挂帅”方式可以集中优势资源攻克技术难题，所以在长三角发展实践中备受政府和企业的青睐。比如，在政府长期以来关注的重点产业技术难题攻克中、在地方民生领域的技术需求中、在企业急需解决的技术难题中，都得到了广泛的探索和应用，反映了“揭榜挂帅”解决现实技术难题的目标导向和制度优势。尤其是在突破企业遇到的技术瓶颈上，各地涌现了诸多鲜活案例。

以浙江派尼尔科技股份有限公司为例，这家主营内燃机和智能制造的高新技术企业，所生产的产品主要销往欧美国家。近年来受到欧盟排放法规的影响，企业通过“揭榜挂帅”的方式与上海工程技术大学合作，启动了船用发动机研发，解决了企业碰到的技术难题，现在更是把上海工程技术大学作为了企业的研发部门。

① 张玉强，孙淑秋．“揭榜挂帅”：内涵阐释、实践探索与创新发展[J]．经济体制改革，2021(6)：13－19.

浙江金华充分享受到了“揭榜挂帅”人才共享带来的发展红利。2020 年 5 月，金华市在浙江省首创了“揭榜挂帅”共享机制，面向企业征集需求，论证后政府向社会发布“技术需求榜单”，解决企业技术难题。比如，西林德机械制造有限公司遇到了“卡脖子”技术难题，反映给政府走访人员，政企联合张榜进行技术攻关，与上海第二工业大学的科研团队开展了合作，攻克了技术难题。目前，金华市已经通过揭榜方式与包括上海交通大学、上海理工大学等 99 所来自长三角地区的高校院所的 245 个高层次人才团队建立合作关系。

“揭榜挂帅”以企业需求为导向，侧重解决企业在实践中遇到的技术难题，以项目选人才，以结果论英雄，使人才要素得到高效利用，人才活力得以充分展现。

三、公务挂职流动共享

“科技镇长团”是江苏省启动的较为有特色的人才政策亮点。其具体做法是通过选拔来自本省高校的教授、博士等高学历科技人才，到下属市区或开发区担任职务，不仅把先进发展理念和科技创新工作思路带到县镇和开发区，而且带去了合作项目。江苏的“科技镇长团”于 2008 年开始启动，当时 15 名教授和博士组成了第一个“科技镇长团”到常熟，赴任的岗位有副市长、乡镇或开发区党政副职等。现在队伍已经拓展到省内外 427 所高校院所将近 6 000 名科研骨干，挂职地区已经覆盖了全省 105 个县区、开发区和 903 个乡镇，产生了非常好的社会影响和经济效应，已经成为江苏省的科技创新品牌和转型升级的生力军。[①]

上海工程技术大学杨尚磊教授的专业特长是焊接和激光制造，他作为第十三、十四批“科技镇长团”成员挂职到常熟市尚湖镇，把专业应用到镇的主导产业装备制造上，促进了尚湖传统产业的升级。不仅如此，他还把“科技镇长学堂”搬进了镇政府，为镇领导班子上专业课。让“激光”这个名词进入镇领导班子的视野，影响镇领导班子布局新兴产业的思路，最终激光产业作为尚湖镇未来重点招引的新兴产业之一，吸引了一批激光行业专家来创业。

---

① 王建平. 上海科技人才发展研究报告 2019[M]. 上海：上海交通大学出版社，2019：38.

作为人才共享的一种方式,“科技镇长团”在多年实践探索的基础上也在不断迭代更新。从一开始的技术交流合作,慢慢发展到重大科技成果转移转化、新型研发机构建设、校企校地科研平台搭建等多种形式。比如,上海交通大学与江苏一直保持密切联系,不仅使校方科研成果转化有了平台,而且为江苏共享了当地发展急需的“人才”,实现了互利共赢。

四、平台基地式共享

随着长三角一体化的深入推进,长三角各地的高校、科研院所与地方政府共同搭建的平台基地,有效推动了人才共享的发展。包括上海交通大学、复旦大学、南京大学、中国科学院等长三角地区国内一流大学和科研院所,都在平台基地建设方面取得了较大进展。比如上海交通大学分别在无锡市、淮安市建设上海交通大学苏北研究院、上海交通大学无锡研究院,较好地促进了科技成果转化。

《科技日报》报道显示,中国科学院金海军研究员成为长三角一体化中人才共享的典型代表。金海军于 2019 年 9 月入职中国科学院合肥物质科学研究院先进制造技术研究所从事科研工作。其孩子就读于当地的重点小学,而他自己在位于江苏常州的先进制造技术研究所内从事研究,开始了“家在合肥,工作在常州”的工作方式。经过 3 年的技术攻关,他与团队研发的空气压缩机检验平台获得成功,以前人工检测需要两个小时,现在压缩到了 20 分钟。该平台已经开始在浙江省衢州市市场监管局质检中心使用。金海军认为,这样的状态,几年前还难以想象。现在完全得益于长三角一体化发展的推进。[①]

上海自由贸易试验区临港新片区自 2019 年设立以来,已发展成为全市人才集聚度提升最快的区域,其中柔性引才机制发挥了关键作用。该区域重点依托前沿产业重点企业或科创型平台,通过合作、挂职、兼职、顾问指导、候鸟服务、退休特聘等多种形式,引进专门从事科技创新、产业发展等工作的高层次人才。该类人才专业能力突出、工作经验丰富,对于提升临港新片区前沿产业创新策源能力具有重要意义。目前主要包括以下两类情况:

---

① 江耘,王春,吴长锋,等.打破壁垒构建科研人才“共享模式”[N].科技日报,2020－06－04(3).

其一，前沿产业重点企业引进人才，主要从事技术研发或经营管理工作，人才来源多为本企业母公司核心技术专家或高级管理人员，例如上海积塔半导体有限公司、凯斯凯迪（上海）医药科技有限公司、格科半导体（上海）有限公司等。

其二，科创型平台引进人才，主要从事技术研发工作，人才来源多为外地高校、科研院所核心技术专家，例如上海成电福智科技有限公司、北大临港科创中心等，由临港新片区管委会与电子科技大学、北京大学等高校单位发起成立，柔性引进多位电子科技大学和北京大学专家教授从事技术研发工作。

五、“挂编引人”式共享

在2020杭州国际人才交流与项目合作大会上，杭州市余杭区首创“挂编引才”共享人才新机制。该机制通过统筹区内事业单位人事指标，成立余杭创新研究院，定向支持重大科创平台和重点企业引进事业单位科研人才。这些人才的事业单位编制予以保留，从体制、机制上破解了科研人员创业的后顾之忧。人才不再只注重“为我所有”，而是重在“为我所用”。

随着之江实验室、湖畔实验室、良渚实验室、浙江人才大厦、中法航空大学等省级科研创新平台和中外合作重点高校项目在余杭相继落地，探索在“共享”模式下，实现科研人才较高程度的“身份自由”，已然成为余杭区鼓励创新创业的改革突破点之一。杭州市湖畔实验室和浙江大学探索区域内人才共享合作模式，联合成立研究中心。中心内人才享有充分的“身份自由度”，科研带头人可以自由组建团队，将研究项目产业化并获得市场收益。企业科研人员可作为导师直接辅导学校里的目标人才，甚至共同研发产品。这种区域内的人才共享进一步放大，将带动全球产学研一体化的发展模式。浙江大学人才办公室主任许翾，之江实验室人才办主任王春波，阿里云智能副总裁、湖畔实验室副主任刘湘雯等5人被该区聘为“共享人才官”。

第六章　区域人才柔性共享：政策演进与经验借鉴

作为我国区域协调发展战略的重要实践，长三角、京津冀和粤港澳大湾区在推进人才柔性共享方面开展了各具特色的探索。本章基于三地实践，系统梳理三大区域人才柔性共享政策演进历程，分析三大区域在人才柔性共享政策方面的阶段性特征、发展趋势和可借鉴经验。

第一节　长三角区域人才柔性共享政策演进

国家在“十一五”规划中已经把长三角经济发展摆在我国区域经济发展战略的重要位置，为此，2003 年开始长三角各地政府共同倡导并发布了《长江三角洲区域人才开发一体化共同宣言》，标志着长三角人才开发一体化进入实质性启动阶段。其后的一系列举措，诸如建立联席会议制度、定期发布区域内人才资源状况信息资料、建设相互衔接的人事人才政策，以及一系列合作项目，涵盖公务员互派、专业技术职务认定、高级人才智力资源共享、统一的职业资格考试，甚至异地人才服务合作项目，包括人才招聘、信息咨询、人事代理、业务档案、人才援助、智力输出、创业项目等专项工作。这些制度创新和实践探索，不仅有力促进了长三角区域经济社会发展，而且对于促进其他区域人才协调发展、促进人才强国战略实施也有十分重要的借鉴作用。总的来说，长三角区域人才柔性共享政策演进大致经历了以下三个阶段。

第一，起步发展阶段。2003 年至 2010 年是长三角区域人才柔性共享政策发展的起步阶段。这个阶段中，沪苏浙三省市高层实现互访，共商长三角经济一体化发展大计；首开"长江三角洲人才开发一体化论坛"，签署《长江三角洲人才开发一体化共同宣言》，实施了具有实质意义促进长三角人才交流共享的措施和手段。三地的人才资源从制度层面跨出自由流动和共享的第一步，首批包括高层次人才智力共享、专业技术职务任职资格互认、专业技术人员继续教育资源共享、博士后工作合作机制、公务员互派交流学习、人才服务合作等六项推进长三角人才一体化合作协议正式在杭州签约。

第二，全面发展阶段。2010 年，上海、浙江和江苏三地组建"长三角地区高端智力人才战略联盟""长三角政府人才网站联盟"等，为长三角区域人才共享合作提供了政策支撑。自此，长三角人才柔性共享政策演进进入了全面发展阶段。

第二，加速提升阶段。2018 年 11 月 5 日，习近平总书记在首届中国国际进口博览会上宣布，支持长江三角洲区域一体化发展并上升为国家战略，标志着长三角一体化进入一个新的历史阶段。2019 年 12 月，中共中央、国务院出台《长江三角洲区域一体化发展规划纲要》，长三角区域一体化发展正式由"区域联动"转向"国家主导"。[①] 随着苏浙皖沪共同签署了《三省一市人才服务战略合作框架协议》《长三角人才一体化发展城市联盟章程》等协议，四地在推进人才领域更高水平的协作开放，以及区域内各类高端人才的流动共享方面达成合作共识，进一步确立了长三角区域在全球人才竞争中的比较优势。长三角人才驿站、人才绿卡、人才培训等试点合作项目的发布，使联盟城市在人才领域合作的抓手更具体、载体更精准。《长三角生态绿色一体化发展示范区外国高端人才工作许可互认实施方案》的发布，标志着要素流动领域一体化制度创新取得新进展，长三角一体化中的人才柔性共享得到了纵深发展。2021 年出台首个跨省域《人才发展"十四五"规划》，实施《关于促进示范区人才建设的

① 中共中央 国务院印发长江三角洲区域一体化发展规划纲要[N]. 人民日报，2019-12-02(1).

若干意见》，发挥“试验田”功能，推广成功制度经验，为区域人才一体化高质量集聚打造示范样板，助力更广泛区域的人才一体化发展。①

表 6-1　长三角人才柔性共享政策演进

阶段	政策或文件名称	参与单位	发布时间
起步发展阶段	《长江三角洲人才开发一体化共同宣言》	苏浙沪三省市和 19 个城市人事部门	2003 年 3 月
	《关于定期举办网上人才交流大会的协议》	上海、浙江和江苏三地 19 个城市人事部门	2004 年 6 月
全面发展阶段	组建“长三角地区高端智力人才战略联盟”	上海、浙江和江苏三地 10 市 1 区的科协组织	2010 年 10 月
	组建“长三角政府人才网站联盟”	上海、南京、杭州等长三角 19 个城市的人才中心	2012 年 8 月
加速发展阶段	三省一市人才服务战略合作框架协议	苏浙皖沪人社厅(局)	2018 年 3 月
	《长三角人才一体化发展城市联盟章程》	沪苏皖浙“三省一市”19 个城市	2019 年 9 月
	《长江三角洲区域一体化发展规划纲要》	中共中央、国务院	2019 年 12 月
	《长三角生态绿色一体化发展示范区外国高端人才工作许可互认实施方案》	长三角生态绿色一体化发展示范区执委会	2020 年 9 月
	《关于促进示范区人才建设的若干意见》	长三角生态绿色一体化发展示范区执委会	2021 年

资料来源：根据文献整理。

① 姚凯，李显显. 为区域人才一体化打造示范样板——长三角生态绿色一体化发展示范区人才一体化发展指数(2024)发布[J]. 中国人才，2025(2)：27-29.

第二节　京津冀区域人才柔性共享政策演进

京津冀地区是我国重要的区域经济增长极，三地经济的协同发展，关键在于人才上的协同，即加强区域间的人才合作、人才共享和互利共赢。[①] 2004 年河北省提出“京津冀人才开发一体化”战略。2005 年，京津冀三省市签署《京津冀人才开发一体化合作协议书》；2007 年，晋冀鲁四省交界区 13 市在邯郸进行研讨，签署了区域人才开发一体化合作协议；2010 年，《首都中长期人才发展规划纲要（2010—2020 年）》提出，为适应京津冀一体化发展要求，将逐步推行京津冀地区互认的高层次人才户籍自由流动制度，无论是子女入学还是医疗社保都将享受当地市民同等待遇。总的来说，京津冀区域人才柔性共享政策演进大致经历了三个阶段。

第一，起步协作阶段。2004 年，京津冀三地启动协作机制，以经济发展战略研讨会为标志，正式开启人才开发一体化探索。此后围绕人才信息互通、联合培养、职称互认等领域签署系列协议，初步构建跨区域协作网络。

第二，系统深化阶段。2011 年，伴随国家“加快推进京津冀区域经济一体化发展，打造首都经济圈”战略的提出，政策进入系统化推进阶段。三地组织部门联合制定《京津冀区域人才合作框架协议》，从顶层设计层面强化资源共享与制度衔接，推动合作向纵深拓展。

第三，战略升级阶段。2014 年，京津冀协同发展上升为国家战略后，人才一体化发展迈入快车道。通过常态化联席会议机制，三地聚焦体制机制瓶颈开展协同创新，并于 2017 年联合发布首部区域性人才发展规划，为服务国家战略提供专项支撑。2021 年 7 月，《京津冀民政事业协同发展三年行动计划（2021—2023 年）》签署，推动社会事务、干部人才交流等重点领域的协同发展。同时，京津冀三地相继签署《京津冀教育协同发展行动计划（2018—2020 年）》《京津冀公共人才服务协同发展合作协议》《京津冀教育协同发展行动计划（2023 年—2025

---

① 陈亮，石晓飞. 京津冀人才柔性共享机制研究[M]. 北京：人民出版社，2021：3 - 4.

年)》,共同推动京津冀教育统筹发展,教育资源共建共享,人才资源共享。[①]

表 6-2　京津冀人才柔性共享政策演进

阶段	政策或文件名称	参与单位	发布时间
起步协作阶段	《京津冀人才开发一体化合作协议》	京津冀人事厅(局)	2005 年 6 月
	《京津冀人才开发一体化联席会议章程》	京津冀人事厅(局)	2005 年 9 月
	《京津冀人才交流合作协议书》	京津冀人事厅(局)	2006 年 12 月
	《京津冀人事代理、人才派遣合作协议书》		
	《京津冀人才网站合作协议书》		
系统深化阶段	《京津冀区域人才合作框架协议书》	京津冀人力社保厅(局)	2011 年 4 月
	《京津冀人才工作联席会议》	京津冀组织部、人力社保厅(局)	2014—2017 年
战略升级阶段	《"通武廊"人才工作联席会议制度》	京津冀人才一体化发展部暨协调小组	2019 年
	《"通武廊"区域人才合作框架协议》		
	《京津冀人才一体化发展规划(2017—2030 年)》		
	《通武廊人力资源服务企业联盟合作协议》		
	《京津冀公共服务人才服务协同发展合作协议》	京津冀三地人才中心	2021 年

资料来源：根据文献整理。

① 周密,黄甜.习近平总书记关于京津冀协同发展重要论述的演进历程、核心内容及实践路径[J].理论与现代化,2024(5):20-30.

第三节　大湾区区域人才柔性共享政策演进

在三大经济区——珠三角、长三角和京津冀地区中，珠三角起步最早，改革开放后一马当先，成为中国经济最具活力及外向程度最高的地区之一。20世纪90年代以来，珠三角区域内的经济合作日益加强，各个产业在不断深化合作的同时，人才作为关键性因素也不断加强交流和合作。首先表现在高技术领域，广东科技界率先提出粤、港发展高新技术的合作方式：利用广东的改革、开放环境条件，吸引国内科研院所和大专院校的高科技人才、学科带头人带着科技成果来广东创办高新技术产业，利用香港的资金、技术、信息、市场的合作模式。2005年1月，珠三角8市人事局签订了《珠三角城市群人才资源开发一体化合作协议》。协议规定，要建立珠三角人才资源开发一体化联席会议制度并制定具体行动计划，创建人才信息共享和信息联合发布机制，构建统一的人才测评体系以及定期召开人才工作理论与实践研讨会等。

港澳的回归初步推动了制度层面上由“珠三角”到“大湾区”的转变。2015年，“湾区”概念首度上升为国家层面，被纳入《推动共建丝绸之路经济带和21世纪海上丝绸之路的愿景与行动》。2017年，国家发展改革委与粤港澳政府签署《深化粤港澳合作推进大湾区建设框架协议》，标志着大湾区正式成为国家主力推动建设的空间区域，定位为中国全球化发展的新引擎。①

通过近几年的努力，大湾区在破除人才的地区、单位壁垒，实现政策一体化、信息网络化、人才和智力流动市场化、成果共享互惠化等方面取得积极进展，有效发挥区域内人才作用和人才效益，形成人才区域集聚裂变效应。纵观大湾区人才共享合作发展，主要经历了以下几个阶段。

第一，探索破冰阶段。2003年，珠三角以广州为枢纽，率先构建跨城人才市场，通过联席会议制度破除人才交流的体制障碍；2005年，九城联合签署《珠

① 许志桦，刘云刚，胡国华.从珠三角到大珠三角再到粤港澳大湾区：改革开放以来中国的国家尺度重组[J].热带地理，2019，39(5)：635-646.

三角人才资源开发一体化合作协议》，启动人才资源协同开发框架。

第二，协同深化阶段。围绕八市签订的新版协议，区域聚焦五大核心领域（职业资格互认、专家资源共享、信息互通、联合招聘及人事服务协作），通过建立统一测评体系与常态化研讨机制，初步实现政策协同、数据互通与市场导向的人才流动，形成区域人才集聚效应。

第三，创新示范阶段。依托国家批复的粤港澳人才合作示范区（广州南沙—深圳前海—珠海横琴），探索“五维”融合模式——涵盖育才联盟、引才平台、评才标准、聚才载体及市场服务。2017年，深港双方正式签署《关于港深推进落马洲河套地区共同发展的合作备忘录》，同意合作发展河套地区为“深港科技创新特别合作区”，意味着“广深港科技走廊”最终形成，[①]推动柔性共享进入机制创新与全域协同的高阶阶段。

表 6-3　大湾区人才柔性共享政策演进

阶段	政策或文件名称	参与单位	发布时间
探索破冰阶段	建立珠三角城市人才市场、人才交流中心主任联席会议制度	广州市政府牵头	2003年
	《泛珠三角区域人才服务合作联席会议》	珠三角八市人事局	2004年
协同深化阶段	《珠三角城市群人才资源开发一体化合作协议》	珠三角八市人事局	2005年1月
	《珠三角城市群人才交流一体化合作框架协议》		2007年
	《珠江三角洲地区人才工作联盟合作框架协议》	广州、深圳、珠海、佛山、东莞、中山、江门、惠州和肇庆等9个城市	2009年6月

① 李卷书，李玉杰. 粤港澳大湾区科技人才共享问题及路径研究[J]. 特区经济，2019(1)：38-44.

续 表

阶段	政策或文件名称	参与单位	发布时间
创新示范阶段	将“广州南沙—深圳前海—珠海横琴粤港澳人才合作示范区”列为“全国人才管理改革试验区”	中央人才工作协调小组	2012年
	深港双方正式签署《关于港深推进落马洲河套地区共同发展的合作备忘录》	深圳、香港	2017年

资料来源：根据文献整理。

第四节　区域人才柔性共享：经验借鉴

一、国内三大区域人才柔性共享政策演进特征与发展趋势

总结国内三大区域人才柔性共享政策发展历程，可以发现长三角、京津冀、大湾区三大区域的人才柔性共享政策呈现出显著的阶段趋同性。2003年至2005年，各区域通过签署合作协议、建立联席会议制度迈入政策萌芽期；随后10年逐步形成涵盖跨城政策衔接、服务标准统一的基础框架；2010年后，伴随区域经济战略升级至国家层面，政策进入加速发展阶段。在这一过程中，共享主体从早期的企业自发联盟，逐步演变为政府主导、市场协同、产学研深度联动的多元协作体系。合作内容亦从单一的人才招聘，扩展至全链条开发模式：通过搭建数据共享平台、推动法治规范（如明确成果归属与利益分配机制），构建起“人才—资本—技术”聚合的强磁场，有效破解行政壁垒，为区域协同注入可持续动能。

从发展态势来看，三大区域通过创新体系共建、资源配置优化与双创生态培育，持续提升竞争力。在制度层面，跨区域治理体系加速构建，柔性流动、资格互认等政策供给不断突破体制障碍；在技术层面，大数据、区块链等数字工具的应用推动智能服务平台落地，实现人才信息实时匹配与精准对接。在未来的发展中，区域发展将进一步整合资源，形成开放共享的人才数据生态系

统。这一生态不仅强化了区域间战略协同，更以市场化、法治化、国际化为导向，为高质量发展构筑长效支撑。

二、京津冀人才柔性共享的经验借鉴

作为国家区域协同发展战略的先行者，京津冀通过制度创新与跨域协作，探索出人才柔性共享的典型范式，其经验对破解区域人才共享合作壁垒、推动要素高效配置具有重要启示。其具体实践可概括为三大核心路径。

第一，示范区建设。京津冀以“通武廊”人才协同示范区为试验田，通过政策互认、挂职交流管理办法等政策，强化三地人才合作。2019 年，三地成立人力资源服务联盟，旨在整合区域公共服务资源；2020 年，三地进一步深化公共人才服务协同协议，推动跨区域资源整合。

第二，干部交流机制。自 2015 年启动京冀双向挂职计划以来，每年选派百余名干部跨区域任职，覆盖发改、科技等重点部门，有效促进政策衔接与区域协作。

第三，创新合作模式。推行“京津研发、河北转化”策略，共建科研平台与转化中心，吸引高端人才与项目落地，提升区域创新能级。

三、大湾区人才柔性共享的经验借鉴

作为改革开放前沿阵地与市场化机制创新的试验田，大湾区以灵活务实的制度设计和开放包容的协作模式，为区域人才柔性共享提供了市场化改革的鲜活样本。其经验主要体现在以下三个方面的实践。

第一，政策框架搭建。2005 年，珠三角八市签署人才开发协议，逐步形成统一的人才流动、培训及保障制度。广州、深圳推出以“鹏城英才计划”为代表的专项计划，聚焦高端人才培育。

第二，市场服务优化。建立标准化人才评价体系，实现招聘信息共享与资质互认，通过柔性流动机制促进智力资源高效配置。

第三，平台载体建设。依托新型研发机构、博士后工作站等载体，推动产学研协同，加速技术创新与产业对接。

四、长三角人才柔性共享的经验借鉴

作为我国区域一体化发展的先行标杆，长三角通过制度协同与生态共建，形成了人才柔性共享的典型范式，其机制创新为区域协作提供了思路。其经验可归纳为以下三个方面。

第一，制度创新与协同网络。长三角以《长江三角洲人才开发一体化共同宣言》为基础，建立高端人才流动、资格互认及公务员交流等十大机制，并推出专项协议（如博士后合作、高层次人才共享），推动要素市场化配置。

第二，协作机制深化。在联席会议制度方面，2004 年起实施轮值会议机制，定期研讨重大项目与政策，2019 年成立城市联盟，推动政务服务互联互通与人才有序流动。在资质互认实践上，出台《专业技术资格互认办法》，实现职称、继续教育学时跨区域认可，并率先落地外籍人才居住证互认，促进国际人才集聚。

第三，制度试验与全域推广。长三角通过打造一体化示范区生态圈，以制度创新为核心抓手，坚持制度创新和项目建设“双轮驱动”，形成可复制推广的创新成果。[①] 通过“小切口改革—场景化验证—全域化扩散”路径，示范区为区域协同发展提供可操作的“制度模板”。

① 上海市政府新闻办. 支持长三角生态绿色一体化发展政策出台[J]. 上海质量，2022(10)：32-33.

第七章　区域人才柔性共享：困境与挑战

经过几十年的实践发展，尤其是自京津冀协同发展、长三角一体化发展上升为国家战略以来，区域人才柔性共享取得了一系列认识成果、实践成果和制度成果。这些探索和成果的取得，都是区域协同发展和一体化推进过程中的有力尝试和生动实践。然而，无论在认识层面还是实践层面，仍然存在着影响区域人才共享合作进一步发展的壁垒。

认知层面上，部分主体存在缺乏互利共赢的合作理念，导致认知层面的障碍。制度层面上，区域间政策缺乏有效衔接、协同机制尚不完善，形成制度壁垒。操作层面上，人才、信息、技术等关键要素在流通环节遭遇重重阻碍，标准不一等问题频发，成为阻碍人才柔性共享的实质性梗阻。更加值得注意的是，由于人才的稀缺性，产生了人才共享中“明共享，暗独享”的问题。[①] 这些结构性矛盾盘根错节，严重束缚了人才柔性共享的进一步深入推进，亟须通过认知重塑、制度重构等途径予以破解。

有研究对长三角一体化示范区的人才柔性共享现状与问题进行了调研，发现示范区人才流动指数与科研合作指数均较低，缺乏跨区域科技合作交流平台，跨区就业人数少，无论是人才“表层”共享还是“深层”共享均处于起步阶段。而且这些问题并非示范区的特例，是区域人才一体化推进中面临的普遍

① 陈举，汪洋. 长三角一体化背景下安徽省人力资本供给研究[J]. 安徽理工大学学报(社会科学版)，2022，24(4)：28－34.

问题。这些问题得不到有效解决，人才流动存在壁垒，则会阻碍人才一体化的推进。深入剖析存在的问题，是畅通人才要素自由流动，激活人才活力，提升区域人才吸引力的重要途径。[①]

第一节　观念认知障碍

一、政府层面的理念问题：零和博弈有余而双赢思维不足

虽然人才柔性共享促进了区域经济整体发展，但是对于地方政府来说，无论区域中经济相对发达地区还是落后地区，都会担忧人才柔性共享对地方经济发展带来的负面影响。人才充足的发达地区会担忧人才柔性共享对本地人才培养和引进的影响，担心人才柔性共享过程中核心技术的迁移带来的地区竞争，顾虑本区域会不会成为人才柔性共享的牺牲品。人才匮乏的落后地区会担心自身本已匮乏的人才被其他城市吸引，由此导致人才流失现象更加雪上加霜。

事实上，人才柔性共享是人才合理使用的重要表现形式，也是人才自身发展的需要，甚至是社会进步的重要体现。美国经济学家摩尔根(Chester Morgan)基于多年研究指出，要适应社会化大生产的需要，人才流动率应该保持在10%—15%之间。[②] 因此，各地政府应该提高站位，充分认识区域人才柔性共享对区域经济社会发展的重要意义，认识到人才柔性共享不仅可以缓解人才紧缺情况，而且可以彼此受益，形成合力。对于发达地区而言，通过人才柔性共享可以放大各地各类人才效能，政府层面对政策措施的推动也会更加积极有效。对于落后地区而言，通过人才柔性共享可以提升本地区的技术水平，提升整体竞争力。因此，各地政府应该变零和博弈为双赢思维，大力支持和推动区域人才柔性共享蓬勃发展。

---

① 刘帮成，张莹，陈鼎祥. 新发展格局下的区域人才一体化：理论与实践[M]. 上海：上海交通大学出版社，2021：94－95.

② 丁薛祥. 第一财富——2005年度人才强市战略研究[M]. 上海：上海社会科学院出版社，2006：569.

二、社会层面的理念误区：为人做嫁衣的担忧

此处所指的社会层面的理念误区，主要是指用人单位对人才柔性共享的片面认识。作为人才输出方的用人单位常常会有这样那样的担忧：人才柔性共享会不会使本单位的人才不可控？辛苦培养的人才为他人做嫁衣？本单位能从人才柔性共享中获益什么？作为人才输入方的用人单位也会存在顾虑：花了大代价共享的人才会不会出工不出力？因为是柔性引才因此缺少了约束手段，能不能在共享过程中得到对等的收益？

相关研究在一定程度上证实了上述分析。有研究通过调查证实现有单位对科技人才柔性共享的重视程度不够。问题一“单位对人才柔性共享的重视程度”，18%认为不够重视，44%认为一般，21%认为还算重视，仅有17%认为非常重视；问题二“对所在单位人才柔性共享的总体评价”，40%认为还算满意，38%认为较不满意；问题三“对单位共享机制、政策的满意程度”，超过42%觉得较不喜欢，25%还算喜欢，24%认为一般。①

另有研究发现，不同性质的单位对人才柔性共享的认同度存在差异。从数量来看，有64%的非公企业采用了人才柔性共享方式，而事业单位中只有36%实施了人才柔性共享；从人数来看，非公企业人才柔性共享的人数占整个区人才柔性共享总人数的72%，而事业单位人才柔性共享的人数只占28%。反映了人才柔性共享主体的不平衡现象，即非公企业用人机制更为灵活、用人理念更加开放，采取了更多的人才柔性共享用人方式，而国有单位的用人理念尚需与时俱进，需要改变现有的刚性引才的揽才方式为柔性引才的用才方式。②

三、个体层面的理念障碍：不敢共享、不能共享、不愿共享

从个体层面来看，人才存在“不敢共享、不能共享、不愿共享”的理念误区。首先，由于知识产权制度还不够完善，人才的合法权益尚未得到有效保护，使

① 张京，邢明强．京津冀科技人才共享的抽样调查分析[J]．统计与管理，2016(5)：27－31.

② 陈光普．“柔性”引才研究——基于沪郊的实证分析[J]．中国市场，2014(43)：50－52.

得部分人才存在不敢共享的心理障碍，例如担心核心技术被滥用、创新成果归属模糊，或面临跨区域合作中的法律纠纷风险。

其次，由于受传统的人才管理体制束缚，人才与所在单位深度绑定，形成以用人单位为中心的管理模式，使得人才不能共享。人才处于一定的社会关系之中，其生产生活与户籍、身份、地域、人事关系和社会保障等制度要素息息相关。在传统的人才所有制度中，这些要素均依附于特定用人单位，形成紧密的制度捆绑，因而人才柔性共享面临传统人才管理体制的刚性约束。

再次，由于已有的人才柔性共享机制以项目、委托和借用为主，大部分承接辅助性工作和非核心业务，使得人才不愿共享。在人力资源管理实践中，有些用人单位简单地将人才柔性共享视为业务委托和外包，过于强调使用人才，而不关心人才的培养和成长，甚至将人才柔性共享的工作限定于非核心业务，严重影响到人才参与共享的积极性。

第二节　制度建设壁垒

一、各地人才制度设计缺乏统一规划、存在本位主义壁垒

长三角各个行政区域的人才柔性共享制度缺乏统一规划和顶层设计，各地政策设计存在本位主义壁垒。首先，长三角的人才制度设计缺乏顶层设计和统一规划，《长三角一体化发展三年行动计划》主要是关于产业布局、交通发展等方面进行了谋划和布置，但是对人才规划和人才发展方面的内容没有做针对性考虑和部署。地方之间各自为政的问题比较突出，各地人才政策制定中的人才柔性共享的目标定位还不够清晰明确，地方之间的人才共享合作过程中暴露出来的政策兼容度比较低。

其次，由于缺乏区域内产业发展规划的协调，加之地方利益的驱动，长三角地区的产业结构严重趋同，导致产业高度同构，区域缺乏合理分工。相关资料显示，上海的产业布局和江苏的产业布局的结构相似度达到了 0.82，上海的产业布局和浙江的产业布局的相似度也达到了 0.76，浙江的产业布局和江苏

的产业布局的相似度更是高达 0.97，江苏与安徽为 0.08。[①] 具体看主导产业的分布，三省一市排名前十的主导产业的重合度达到 60%，浙江和江苏更是高达 70%，选择主导产业为汽车的城市有 11 个，选择主导产业为通信产业的城市有 12 个。虽然长三角区域的中小城市与上海的产业布局结构有显著差异，但相似度也在接近。[②] 从制造业产业结构相似度指数的变化趋势来看，2012 年至 2021 年，长三角制造业产业结构相似度指数总体呈上升趋势，三省一市平均结构相似度指数由 0.79 上升至 0.87，增幅达 9.5%。其中，江苏与浙江、江苏与安徽、浙江与安徽之间制造业产业结构相似度指数均在 0.85 以上，上海与江苏、上海与浙江、上海与安徽之间的制造业产业结构相似度指数略低，但也都超过了 0.75。[③]

在产业结构高度同质化的影响下，长三角各地出现人才需求的趋同。在人才资源争夺战中，各地陷入典型的“囚徒困境”，在人才政策制定上相互博弈，导致内耗和财政资源浪费，影响了区域整体人才发展治理水平。为了推进区域人才发展治理的整体水平，迫切需要在有条件的区域内运用人才柔性流动等方式推进区域人才协同发展。

京津冀与大湾区两大城市群正面临严重的人才同构困境。在缺乏区域性战略统筹的背景下，地方政府基于财政增收需求，争相布局电子信息、生物医药等高附加值产业，形成“政策锦标赛”式发展模式。这种同质化竞争格局导致生产要素重复配置。以北京、天津为例，两座城市均拥有雄厚的装备制造业基础，却在产业升级中同步聚焦人工智能、新能源赛道，致使创新资源分散，人才需求高度重合，人才引进政策相似度高，人才同质化竞争激烈。

二、各地政策之间的衔接不畅、跨区域人才流动机制尚未形成

以京津冀、长三角和大湾区为例，尽管这些区域在人才合作方面已经建立

---

① 中共浙江省委人才工作领导小组办公室，浙江省人才发展研究院. 浙江人才发展蓝皮书(2020)[M]. 浙江：浙江大学出版社，2020：72.

② 嵇尚洲. 长三角区域一体化举措与路径[J]. 科学发展，2017(3)：47-57.

③ 中国银行研究院全球银行业研究课题组. 全球银行业展望报告 2024(2)[R/OL]. [2024-04-01]. https://www.hangyan.co/reports/3336597446942787215?page_num=39.

协调机制并签署框架协议，但在实际操作中仍然面临诸多障碍。受地方保护主义影响，部分地方政府在政策执行中存在选择性落实问题：优先推进有利于本地经济社会发展的条款，而对可能影响本地利益的条款消极应对，甚至另行制定更具地方保护色彩的人才政策。这种政策碎片化现象导致各地标准不统一、衔接机制缺失，使区域间人才政策缺乏系统性和协同性。同时，由于缺乏有效的监督考核机制，框架协议的约束力不足，进一步弱化了合作效能，不仅降低了地方政府参与人才协作的积极性，也制约了人才要素的自由流动。这种状况不仅影响区域人才一体化进程，也阻碍了区域发展战略的深入实施，亟须通过完善政策衔接、强化制度约束、优化利益分配等方式，构建更加高效的区域人才协同发展机制。

京津冀三地在政策的实施过程中存在协调不畅的问题，不同地区在推进政策实施时很难做到步调一致，达到的效果也参差不齐。三地政府在京津冀人才一体化发展中的地位存在偏差，京津人才深度区域协作的动力缺乏。北京作为政治文化中心具有“虹吸效应”，天津凭借较好的城市品质和优质的公共服务形成重要的人才平台，而河北相对处于人才洼地，在人才竞争中处于弱势地位。这种发展落差致使三地难以建立平等互惠的协作关系。

长三角区域跨区域人才流动机制尚未健全，主要面临以下问题：首先，长三角各个地区由于政策不统一等问题，影响了人才跨区流动的便利性。调研显示，长三角各地社保政策和落户规定的差异对人才流动造成明显阻碍。长期以来，四地出台的人才政策条款种类繁多，又都各自不一。作为长三角人才合作计划的首届轮值方，上海本着促进各项人才服务政策在长三角区域落地生效，曾经在2019年编写了《沪苏浙皖人才政策汇编》，为四地人才服务提供了依据，但长期以来各地政策条款仍存在较大差异。其次，长三角区域内各地之间人才流动活力不足。数据显示，沪苏浙三地人才跨省流动率仅为人均0.83次，不足总流动次数的40%[①]，远低于省内或市内流动水平。这种状况反映出当前长三角人才一体化进程仍面临诸多体制机制障碍，亟须加强政策协

① 李清娟，汝刚．智库观点：长三角“人才一体化”存在的问题及对策建议[EB/OL]．[2019-01-22]．https://www.jfdaily.com.cn/staticsg/res/html/web/newsDetail.html?id=128050&v=1.7&sid=67.

同和制度衔接。

三、地方政府之间的过度竞争对共享合作带来的壁垒

目前长三角地区政府之间在某些方面的竞争大于合作，地区之间制定的人才政策导致人才争夺更加激烈，上海的“人才新政30条”、浙江的“人才新政25条”、江苏的“人才新政26条”的出台都加大了各地引才的力度，引发了一些地区的人才流失以及人才的非有序流动，甚至导致了有些“帽子”人才价格偏离实际价值，破坏了区域人才合作的基础。

长三角地区各城市为招募优秀人才，多地相继放宽落户政策或提供资金扶持，升级了招揽人才的政策，新一轮城市招揽人才的竞争在毕业季前夕呈现白热化趋势，长三角各地“抢人政策”愈演愈烈。2022年，随着高校毕业生规模再创新高，区域人才争夺战全面打响。浙江杭州最早发布了《全日制本科和硕士学历人才落户政策》，出台的这项政策提出了应届生毕业两年内可享受“先落户后就业”的条款，放宽了落户要求。接着，上海发布了《关于做好2022年非上海生源应届普通高校毕业生进沪就业工作的通知》，也进一步释放了对落户要求降低的信号，进一步放宽上海的落户门槛。江苏苏州不仅扩大了“人才落户直通车”的范围，而且对青年人才加大了扶持力度，发布了若干支持青年人才发展的措施。江苏南京更是对落户发布了重磅新政，新版《南京市积分落户实施办法》明确提出在长三角区域三省一市缴纳城镇职工社会保险的，视为在南京市缴纳并赋分，落户认证区域从仅限苏州市扩大到长三角区域三省一市。安徽合肥也出台了服务人才发展若干政策，制定了一系列普惠性、特殊性举措，精准服务保障人才创新创业。

第三节　操作层面问题

一、区域人才信息共享平台建设滞后

搭建获取各类人才需求和供给信息的人才信息平台是实现人才资源合理流动配置的根本保证。至今，区域内人才信息平台建设均存在滞后的现

象，缺少人才信息共建共享的公开大平台，导致人才信息流通渠道较窄，人才信息严重不对等，更没有形成区域内统一的科技人才市场。政府虽然一直在鼓励和提倡人才柔性共享，但由于科技人才本身具有稀缺性又受到市场竞争机制影响，现有的共享范围具有极大的限制性，科技人才的流通渠道并未真正打通。①

以长三角为例，虽然长三角在一体化推进过程中非常重视信息平台建设，先后建成“21世纪人才网”和“长三角人才发展综合信息网”“长三角大中城市招聘信息联合搜索”平台、“长三角人力资源市场”线上平台等网络平台，通过“互联网＋”技术为三省一市的人才中心和人才市场官网创建互通链接，又建成全球高层次科技人才数据库和信息服务平台。但是在实践中，信息平台的建设还不能满足实际需求。

首先，长三角缺乏统一的人才信息共享平台，导致各地区人才资源发布渠道分散，难以实现区域人才互补的优化配置。其次，人才数据库建设较为滞后，目前人才数据主要分散在各地人社系统和第三方服务机构，尚未建立系统化、标准化的区域人才数据库，导致对本区域人才供需状况的总体把握不足。从数据治理角度看，存在三大瓶颈：一是各地政府人才统计口径不一致，数据采集和筛选标准存在差异；二是市场主体积累的海量人才数据碎片化分布在各类独立数据库中；三是不同数据库间的格式规范和字段设置缺乏统一标准，形成严重的数据壁垒。面向未来，应当重点突破三大关键环节：技术上整合现有市场平台资源，打通数据孤岛；机制上建立统一的数据标准和共享协议；管理上构建长三角人才信息集成平台，实现人才数据的统一归口管理。通过系统化解决方案，切实提升政府对区域人才资源的精准把握能力，为科学制定人才发展规划、促进人才有序流动提供坚实的数据支撑。

二、人才服务共享平台尚不完善

刘帮成等对长三角一体化发展示范区的人才服务一体化发展状况的调研

---

① 李卷书，李玉杰. 粤港澳大湾区科技人才共享问题及路径研究[J]. 特区经济，2019(1)：38－44.

发现，[1]示范区在中介服务指数上的表现处于劣势。长三角示范区的江苏省苏州市吴江区、上海市青浦区、浙江省嘉兴市嘉善县在中介服务指数方面均表现不佳，特别是吴江区中介服务指数最低。主要是示范区人力资源服务机构规模有限、人力资源服务从业人员较少，并未建立融合互通的区域人才市场。比如，示范区的人力资源从业人员不足，2019 年，青浦区每万人中人力资源从业人员为 15.98 人，吴江区为 4.24 人，嘉善县为 4.73 人，对照数据可以发现，吴江区和嘉善县都要低于全国平均水平(4.82 人)。因而需要大力加强示范区人力资源服务业的发展，完善人才跨区流动的服务平台。

在市场经济条件下，人才柔性共享需要在市场的决定性作用下实现最优配置，人才服务平台建设的滞后是影响人才柔性共享的重要因素。目前长三角区域内的人才服务平台仍然以各地区自己建设的人才服务平台为主，地区间统一的平台尚未形成，有待进一步完善。有些平台建设虽然以“长三角”冠名，但是实质上是以服务地方为主，并未真正起到人才跨界交流和共享的作用。比如，中国长三角人才培训创新联盟，虽然名义上有长三角，但事实上人才培训平台的建设和运维经费主要来自地方政府，所以也只能为本地人才培训服务，无法真正做到为长三角区域提供统一的服务，共建缺乏，共享困难。

此外，区域内已有的人才服务平台提供的服务内容和方法手段比较单一，符合高层次人才特点的服务功能不强，导致一方面，部分高层次人才流动至上海以外地区的意愿低下；另一方面，流动至上海的高层次人才在子女教育、社保等生活领域受到一些影响和限制。各地需要花大力气完善和提升人才服务平台为高层次人才服务的功能。

从更加微观的角度来看，长三角一体化过程中虽然已经制定和颁布了一些相关政策，但是由于缺乏合适的宣传途径和手段，使人们对政策措施的认识程度不够。比如，有研究者在对长三角一体化示范区的调研中发现，有些人才对示范区人才一体化各项政策认识不够，对人才一体化工作推进的满意度较低，可能是由于人才一体化的宣传主体单一、宣传不及时等问题，导致人才不

---

① 刘帮成，张莹，陈鼎祥. 新发展格局下的区域人才一体化：理论与实践[M]. 上海：上海交通大学出版社，2021：90.

能充分了解最新政策举措内容。[①] 此种现象的出现与人才服务平台建设不足存在一定关联，急需通过各种人才服务平台强化人才一体化政策宣传，增强区域内人才对一体化政策的感知度。

第四节　其他共性问题

一、人才柔性共享主体上政府“独唱”

当前区域人才柔性共享实践中，政府与市场的角色定位存在明显失衡。按照市场经济规律，人才资源配置本应以市场为主导、政府为补充，但现实中政府过度介入的现象较为普遍。许多地方政府在推进人才共享过程中，未能充分发挥市场机制作用，对企业积极性的调动也不足，反而大包大揽地主导各项工作，从平台搭建到项目实施全程介入。

这种政府主导模式导致两个突出问题：一是政府间互动频繁，表面上热闹非常，但实际成效有限；二是企业间缺乏自发的产业协作和项目合作，对政府主导的项目兴趣不高。更深层次的问题在于，行政力量过度干预导致人才供需匹配度不高，资源配置效率低下，难以形成可持续的人才共享生态。

二、人才柔性共享方式上重形式、轻内容

当前区域人才柔性共享实践中普遍存在重形式、轻内容倾向，突出表现为“三重三轻”现象：一是重形式、轻实质内容，区域间参观学习活动频次虽高，但往往缺乏针对性的问题导向和深度交流；二是重会议规模、轻转化效果，各类人才合作论坛声势浩大，却疏于后续的成果落地机制建设；三是重协议数量、轻实施质量，合作协议签署数量快速增长，但难以进入实质性操作程序，也就很难取得令人满意的结果。

---

① 刘帮成，张莹，陈鼎祥．新发展格局下的区域人才一体化：理论与实践[M]．上海：上海交通大学出版社，2021：100.

三、人才柔性共享相关法律法规体系尚不健全

当前人才柔性共享实践面临法律法规体系不健全的制约，这一问题已引起学界关注。有研究者指出，区域内人才共享面临着诸多障碍，建议政府应该制定人才资源共享的法律法规来保障区域内的人才共享。① 也有研究者指出，在人才共享中，某些企业和个人的利益可能受到损害，所以必须制定相应的法律法规，以保障各方共享主体的利益，确保人才共享的有序进行。有研究者建议，政府可以考虑在区域内通过人才立法的形式，消除阻碍人才共享的各种壁垒，规范人才共享的各项事宜。②

当前区域人才资源共享在法律法规上亟待解决的问题，可归纳为以下几个方面。

首先，我国维护人才市场秩序、制止人才不正当竞争、推进职称和职业资格社会评价等一系列法律法规尚处于建立健全阶段，有些领域甚至出现无法可依或者法律依据不足的窘境。③ 人才流动方面尚无法律和行政法规层面的专门规范，相关规定散见于《中华人民共和国劳动法》《中华人民共和国劳动合同法》《中华人民共和国就业促进法》等法律，《人力资源市场暂行条例》对人才服务各类相关事项进行了规范。④

其次，人力资源服务平台建设中的法律法规的缺失。有研究者认为，通过法律法规保障人才共享和发挥最大效益是发达国家的成熟经验。而在我国长期以来缺乏共享的观念和社会氛围，缺乏完善的共享机制和相关的法律法规保障，无法有效防止人力资源服务平台建设中不断发生的分散和重复行为。⑤

再次，通过法律手段对人才的创造性劳动成果和人才成长与持续发展机

---

① 饶敏. 抓住“泛珠三角”经济协作契机实现高校教师资源共享——对“实施人才资源区域共享战略”的省思[J]. 高教探索，2005(1)：61 - 62.

② 陈万明，赵蕾. 长三角人才开发一体化的动力机制探讨[J]. 南京工业大学学报(社会科学版)，2006(4)：35 - 39.

③ 郭庆松. 人才发展：突出问题及对策研究[M]. 北京：人民出版社，2018：127.

④ 袁娟，南连伟，陈璐维. 人才法制建设的现状分析与对策建议[J]. 中国人事科学，2018(4)：50 - 56.

⑤ 王晓琴. 上海人力资源公共服务平台运行机制研究[D]. 上海：上海交通大学，2008.

会提供有效保障，是对人才的重要保护，其中，对知识产权的保护是人才保护中的重中之重。我国已有的专利法、著作权法等一批法律法规，在保护人才的创造性劳动成果中起到了重要作用。但是在实践中，人才与单位在知识产权的权属问题上的纠纷日益增多，直接影响人才的创新积极性；随着高新技术的不断涌现，许多无形资产已经超出了原有知识产权法律保护所涵盖的范围。[①]

最后，人才评价方面法律法规体系不健全。我国目前在《中华人民共和国律师法》《中华人民共和国注册会计师法》等法律中有一些涉及职业资格的相关规定，行政法规层面有《教师资格条例》。现有的人才评价方面的部门规章数量较多，主要涉及专业技术资格评定、职业资格认定和管理、职业技能鉴定、一些行业的专业技术资格评审等，关于人才评价的地方性法规和地方政府规章数量较少，尚不能适应经济社会发展的现实需求。随着长三角一体化的推进，人才柔性共享由理性思考、实践探索到形成共识、逐步铺开，与此配套的法律法规建设也需要进一步加强。此外，由于各地的立法规格和要求不统一，严重影响和制约了长三角人才柔性共享的有效运作。比如，人才评价是衡量人才的重要标准和尺度，评价标准的互认互准是促进一体化发展和推动区域内人才自由流动的重要途径。

2019 年以来，长三角一体化上升为国家战略以后，四地按照中央关于人才体制机制改革的重要精神，在各地的人才评价、深化职称制度改革方面做了大量工作。沪苏浙皖四地人才评价改革不断向纵深发展，在人才评价标准和认定等方面不断强化协同推进。2020 年出台《长三角生态绿色一体化发展示范区专业技术人才资格和继续教育学时互认暂行办法》，之后长三角人才一体化发展城市联盟发布《城市联盟关于复制推广长三角一体化示范区人才制度创新成果的实施方案》，确定共认专业技术人才职业资格等推动人才一体化发展的工作举措，成为推动资格证书互认、互准的积极政策。然而从整体来看，这些改革仍以各地独立推进为主，统一标准制定进展缓慢，难以完全破除人才流动障碍。

---

① 马抗美. 人才法学：一门亟待建立的新兴学科[J]. 政法论坛，2015，33(1)：113－118.

第八章　深化人才柔性共享的对策建议

针对前文剖析的困境与挑战，结合长三角区域一体化发展战略和人才工作实际，本章将聚焦如何从理念革新、制度创新和举措优化三个维度，系统破除影响人才柔性共享的“暗礁”和“障碍”，构建适应长三角区域发展需求的人才柔性共享长效机制，形成面向新时代更加开放、更具活力、更加有效的人才发展治理体系。

第一节　走出理念误区，强化人才柔性共享的动力机制

韦伯(Max Weber)曾指出，“由理念创造出来的世界图像，常如铁道上的转辙器，决定了轨道上的方向”。[①] 如果理念存在误区，方向容易出现偏差，动力容易出现弱化。目前在长三角区域人才共享中存在一定的理念误区，这些理念误区必然影响共享主体在推进区域人才共享中的积极性、主动性和创造性，进而阻碍长三角区域人才共享的推进和效果。如何走出误区，是深化人才共享动力机制的价值基础。

进一步而言，区域人才柔性共享作为一项系统工程，其主体包含政府、用

① 韦伯. 中国的宗教：宗教与世界[M]. 康乐，简惠美，译. 桂林：广西师范大学出版社，2004：477.

人单位和个体三个层面。不同主体存在差异化的利益诉求：政府追求区域协调发展，用人单位注重人才使用效益，个体关注职业发展空间。正是这种多元化的利益格局，使得建立共同理念显得尤为重要。实践表明，只有当各类主体在差异化诉求的基础上，形成越来越多的共同利益和共性需求时，才能真正增强合作的内生动力。由此可见，构建一致的共有理念不仅是破解当前误区的关键所在，更是驱动区域人才共享健康发展的动力源泉。

一、转变政府层面的理念误区，强化人才柔性共享的外在动力机制

政府的政策引导是人才柔性共享最有效的外在动力，也是其他各种机制能否发挥作用的关键。深化人才柔性共享的外在动力机制，必须树立合作共赢的共享理念，加强人才柔性共享的理念宣传、人才柔性共享的政策支持和人才柔性共享的激励引导。

（一）加强人才柔性共享的理念宣传

思想是行动的先导，达成合作共赢的一致理念是实现人才共享的前提。这需要各地政府从“零和博弈”向“非零和博弈”转变，需要践行科学管理之父泰勒(Frederick Taylor)所言，“双方不再把注意力放在盈余分配上，不再把盈余分配看作是最重要的事，将注意力转向增加盈余的数量上，使盈余增加到使如何分配盈余的争论成为不必要。”①

首先，政府部门要通过组织力量加大“不求所有，但求所用”的共享理念宣传，不断消除地方政府、用人单位和人才个体对人才共享的担忧和顾虑，减少地方利益保护主义现象的发生。

其次，通过交流达成人才共享的共识，通过培训强化人才共享的理念。增强区域内政府部门领导者的交流，在交流互动中逐步消除对人才共享的偏见，达成对人才共享的科学认知和共识。定期开展区域内政府部门领导人员的相关培训，举办区域人才共享的合作论坛等，不断更新和强化人才共享的最新理

① 泰罗.科学管理原理[M].胡隆昶，冼子恩，曹丽顺，译.北京：中国社会科学出版社，1984：239.

念和先进实践。

最后，通过各种媒体平台积极宣传参与共享活动的人才、企业、高校和科研院所的事迹和行为，使地方政府、用人单位和人才个体都能充分认识到人才共享对于地区经济社会发展、用人单位技术开发、人才个体职业生涯发展等方面都大有裨益。只有各方主体都能充分认识到人才共享是合作共赢的选择，才能打破人才为地方所有的固有化观念；只有充分认识人才共享的价值和意义，各地政府才能产生通力合作的意愿。

（二）加强人才柔性共享的政策支持

外在动力主要来自政府的舆论引导和政策支持，这往往体现了政府意志。苏立宁和廖求宁通过对 2006 年至 2017 年长三角三省一市的人才政策文本比较分析发现，[①]在制造业、渔业、农业等实际生产部门中，人才引进政策仍然以传统的人才身份归属的引进方式为主，柔性引才政策数量并不明显。柔性引才方式主要还是在高校和科研院所中较为常见，最为典型的是在这些机构中设立流动岗位，以兼职或者挂职方式引进人才，他们不受岗位总量、岗位等级、结构比例限制。比如，安徽省为了鼓励企业技术人员以兼职方式进驻高校参与教学科研工作，颁布了《关于高校院所设立流动岗位吸引企业技术人员从事教学科研工作的指导意见》；浙江省为了鼓励高校和科研院所的人才去企业兼职，颁布了《关于深化人才发展体制机制改革支持人才创业创新的意见》。政策的制定与颁布可引领人才的流动形式和方向。可以将高校和科研院所的成功经验复制推广至制造业等实际生产部门，引领和促进人才共享在更多领域推广。

此外，政府从政策支持与制度制定层面为区域人才共享的推进“清扫障碍、铺平道路”至关重要。以“星期日工程师”为例，在《中共中央关于科学技术体制改革的决定》明确指出“科技人员在完成本职工作和不侵犯本单位的技术权益、经济利益的前提下，可以业余开展技术工作和咨询服务，收入归己”后，

---

① 苏立宁，廖求宁．“长三角”经济区地方政府人才政策：差异与共性——基于 2006—2017 年的政策文本[J]．华东经济管理，2019，33(7)：27－33．

他们才得以从以往偷偷为乡镇企业提供技术服务，转变为能够光明正大地从事技术咨询活动。① 此后，诸如《关于科技人员业余兼职若干问题意见的通知》《关于深化人才发展体制机制改革的意见》《关于支持和鼓励事业单位专业技术人员创新创业的指导意见》等一系列政策相继出台，为科技人员、专业技术人员参与人才柔性共享提供了坚实的政策支撑与根本遵循。当下，为进一步推动长三角区域人才共享向纵深发展，政府应持续发力，出台更多切实可行、务实管用的政策。

（三）加强人才柔性共享的激励引导

政府需要加强与健全有利于激发人才活力和维护人才合法权益的激励保障机制。首先，可以探索制定强化区域合作动力的配套机制，比如人才合作利益共享机制和利益补偿机制等。区域人才共享的最大动力来源于自身的利益需求，当地方看到人才共享的收益超过成本时其动力就强，而当地方看到人才共享过程中出现利益受损时则会降低动力。

其次，因为在人才共享过程中难免会发生利益不均衡的现象，为了避免利益不均衡对区域人才共享动力带来的影响，建议政府考虑构建人才共享过程中的利益共享机制和利益补偿机制。比如，对于地方政府而言，健全区域之间的利益补偿机制，通过财政转移支付、政策补偿、税收减免、项目资助等形式对贡献多、收益少的地方政府进行补偿，避免人才恶性竞争和无序流动。

最后，建立以政府为主导的特殊人才共享奖励体系。对于在人才共享方面有突出表现的单位和组织进行表彰，对积极参与共享的用人单位给予适度补贴，提升大家参与人才共享合作的积极性。

二、转变社会层面的理念误区，强化人才柔性共享的直接动力机制

社会层面的理念误区主要是指，改变来自单位对人才柔性共享存在的错误观念，从激励和分配等方面深化人才共享的直接动力机制。

① 刘晓燕．人才共享背后的政府推手[J]．中国人才，2018(6)：12－15.

(一) 完善组织层面的激励机制

组织层面的激励机制，主要是指组织如何通过恰当的方式方法激励人才产生参与共享的强烈动机，在共享行为上的积极性更高，愿意为共享活动付出更多的努力。总的来说，这些方式方法主要包括物质激励和精神激励。组织通过内容丰富的激励方式，激发人才的共享动机，不仅使个体的利益与组织的整体利益相一致，而且避免个体出现短视行为，达到个体与组织双赢发展的目的。以往关于如何激励高新技术人才的课题研究发现，“在工作中增长才干”是激励高新技术人员的首要因素，技术人员希望能够在工作中提升自己、发展自己。排名第二的激励因素是“工作中带来的成就感”，表明技术人员对自己的专业和工作有期待，希望通过工作实现自己的价值。知识管理专家坦姆仆(Mahen Tampoe)经过大量对知识型员工激励因素的案例研究，提出了四个主要的激励因素：个体成长、工作自主、业务成就和金钱财富。[①] 组织的激励机制可以围绕这四个内容进行具体设计。

目前，越来越多的组织实施了旨在有效地促进组织人才共享的积极策略。例如，有的组织制定了对共享人才的奖励规则，包括薪金提升等。还有的组织根据员工参与共享活动的程度决定他们的升职及额外的休假。国外一些组织甚至出现了一些新兴的职位，如“知识经理”和“首席知识官”等，其目的就是激励员工进行知识共享、知识库的建设和管理、知识系统的完善和更新以及知识资产管理。

当然，激励机制的设计离不开利益分配。根据马斯洛需求层次理论，物质需求是人类的第一需要，也是基本需求。企业和研究机构的知识型员工对自身的价值体现的期望普遍更高，因此组织更要重视各方利益诉求，通过合理的利益分配来调动各方的积极性。[②] 此外，在制度设计中也建议对积极响应政府政策参与跨区域人才共享，且在实际工作中做出较大贡献的个体给予绩效考核、职称评定、薪资酬劳等方面的政策倾斜和适当的物质奖励。

---

① TAMPOE M. Motivating knowledge workers — the challenge for the 1990s[J]. Long Range Planning, 1993, 26(3): 51 - 52.

② 胡刃锋. 产学研协同创新隐性知识共享影响因素及运行机制研究[D]. 长春：吉林大学，2015.

（二）建立多主体协同与利益分配机制

人才柔性共享的基础在于，人才仍保留其所在单位的人事隶属性，外部共享并不代表所在单位人事权的丧失。因此，要达成高效且有序的跨区域、跨机构人才共享局面，人才、所在单位以及用人单位这三大主体间，需秉持平等原则展开充分协商，从而实现互利共赢。特别是所在单位与用人单位，应在共享模式下建立新型人才绩效评价机制，平衡双方利益，降低所在单位出于自我保护的干预，保证人才共享的顺利进行。

以浙江杭州白马湖实验室为例，成果认定和归属问题一直是困扰实验室双聘人员的问题，在学校年度评价绩效考核过程中，不认可外部项目的绩效，严重打击了研究人员的工作积极性。如何让双聘人才留得住，干得好？白马湖实验室与浙江工业大学打破常规，探索建立双向授权清单，通过人才双聘，率先实施成果互认政策，兼顾高校、实验室、人才三方权益。在科研人员关心的绩效考核、职称评审、学生培养、项目立项等方面都给到了最大限度的体制机制保障和政策松绑。2024 年 8 月 21 日，浙江省印发《关于促进人才交流共享推动教育科技人才一体发展的若干意见》，从政策上对推动人才柔性共享实施给予充分支持。

三、转变个体层面的理念误区，强化人才柔性共享的内在动力机制

除了政府和社会的因素，许多学者还强调了个人动机的重要推动作用，[①]认为主要可以从内在动机和外部激励两个方面提升个人动机。当个体在工作过程中找到了乐趣、满足感和自我实现的价值时，自然就激发了其内在动机。[②]具体而言，内在动机包含了自我实现价值和利他主义两大部分内容，个体通过自身知识才能的共享，感受到对组织的贡献和对他人的帮助，就能提升其内在

---

① ALAVI M, LEIDNER D E. Knowledge management systems: issues, challenges, and benefits [J]. Communications of the AIS, 1999, 7: 11 - 37.

② AMABILE T M. Motivational synergy: toward new conceptualizations of intrinsic and extrinsic motivation in the workplace[J]. Human Resource Management Review, 1993, 3(3): 185 - 201.

动力。

一般而言，人才柔性共享中的个体往往具有高成就动机和敢于承担风险的能力。高成就动机者是指那些愿意接受挑战，有较强的事业心，为自己设立高目标但实现目标的难度仍然在可控范围内的人。这些特点决定了他们具有较高的成就需要、成就动机和利他行为倾向。要激励具备这些特点的群体的内在动力，需要使他们认识到在人才共享活动中能够更好地接触到具有挑战性的工作，能够在工作过程中充分展示个人才智，更好地积累工作经验，享受到工作中的乐趣，甚至拓宽职业生涯的路径。更难能可贵的是，他们的才智发挥对促进组织的绩效乃至地区经济社会的发展都做出了一定的贡献。自我价值实现、利他主义和高成就动机的激活，对深化人才共享的内在动机起到了重要作用。

第二节　加强制度建设，深化人才柔性共享的运行机制

一、加强顶层设计，优化区域人才柔性共享的整体布局

顶层设计，是指站在一个战略的制高点，围绕总目标，从上往下地层层设计，使所有的层次都能产生预期的整体效应。它运用系统论的方法，注重规划设计与实际需求的紧密结合，是铺展在意图与实践之间的“蓝图”。

加强长三角一体化过程中的人才柔性共享，可以优化区域人才共享的整体布局。首先，要根据长三角区域的产业结构和产业发展政策，加强共享人才需求预测，制定区域人才共享发展规划纲要，制定长三角协同性、整体性和系统性的人才共享项目，推动各类人才共享项目实施和落地。

其次，要编制区域重点领域人才开发目录，制定区域人才共享的中长期规划。上海已建立以政府导向和法律监督为调控手段的人才资源开发宏观管理体制，每年年初都会根据本市经济社会发展重大项目建设的需要，对各行业、各类人才需求进行摸底、登记，并会同有关部门编制年度《上海市重点领域人才开发目录》，以提高人才开发的指导性。建议在此基础上，制定区域人才共

享的中长期规划，编制年度《长三角重点领域人才开发目录》，作为区域人才共享和开发的指导性文件。

再次，要构建长三角多层次分级人才政策体系。目前长三角各地在人才政策制定上有一刀切的现象，其实超大城市、大城市、中小城市等不同城市的发展路径并不相同，其吸引人才的方式也应该存在差异。对于中小城市来说要招到优秀人才非常不易，招到高层次顶级人才更是难上加难，但是现有很多中小城市把吸引高层次顶级人才甚至是诺贝尔奖获得人才列入人才招聘目录，导致人才招录的困境。不同类型、层次的人才真正关心或者吸引其的因素也存在差异，对于高层次顶级人才，他们更关注事业发展平台的能级和国际化程度，其核心诉求包括世界一流的实验室、充分的科研自主权、广泛的国际学术合作网络。因此建议构建长三角多层次分级人才政策体系，建立普惠性、托底性、靶向性人才政策体系，营造有活力、有繁荣、有集聚的人才生态环境。

二、完善协同机制，加强各地制度的有效衔接

协同机制是指，通过政府层面或者非政府层面的联系和合作推动，达成人才共享。长三角三省一市各自制定本区域的政策，容易出现政策重复或者政策不统一等问题，需要在人才共享政策制定执行过程中做好组织协调和协同配合工作，根据各自的定位、优势和特色，强化政策的协同性，共同推动区域发展的目标。

完善长三角三省一市人才共享的协同机制，主要包括政府层面的协同机制、非政府层面的协同机制以及政府与非政府层面的协同机制等三个方面的联动和协调。[①] 首先，政府层面的协同机制。可以形成和实施跨地区城市之间的相互协同机制，建议在推进长三角区域人才共享的初期，主要依靠长三角功能性政府机构的作用，通过磋商达成人才共享协议；随着共享的深入，涉及全区域人才的重要事项，则协议主体应由跨省市权威机构来承担，各省市政府应让渡部分权力给跨省市权威机构，以便其有效地协调，比如各城市和地区之间

① 佟林杰，孟卫东. 环渤海区域人才共享机制的瓶颈因素及对策研究[J]. 科技管理研究，2013，33(21)：91－94＋99.

定期举行例会，推动区域内城市的广泛合作。

其次，非政府层面的协同机制。通过组织区域人才共享协会或论坛，推动企业、科研机构、非政府组织以及各种非营利组织之间的人才共享，可以为政府部门提供决策建议和智力支持，并为区域人才共享创造社会氛围。

最后，政府与非政府层面的协同机制。人才治理需要各方发力，为了更好地促进长三角人才的共享共建，可以通过建立政府和高校科研院所、企业、人才中介服务机构等组织之间的协同机制，形成产业链、创新链和人才链相互融合的协同发展模式。

三、推动评价互认，实现区域人才畅通流动

建立区域内人才互认机制，统一人才评价体系和考核标准，是实现区域内人才共享和自由流动的根本保障。首先，建立跨区域人才互认机制。跨区域人才互认是区域一体化发展趋势。比如，南京市政府出台的《南京市积分落户实施办法》中提出，在长三角区域三省一市缴纳的城镇职工社会保险，视为在南京缴纳并赋分，落户认证区域从仅限苏州市扩大到长三角区域三省一市，此类互认互通做法应该作为长三角人才互认的信号，从更大范围消除区域人才流动壁垒。目前长三角区域只有局部的资质互认，仍然存在非常多的领域和范围的资质互认没有统一，为长三角人才共享造成了一定的障碍。有研究者建议，应统一区域内职业资格考试合格标准和职称评审标准，允许跨区域注册执业；推进专业技术任职资格和职业技能等级互认，区域内就业无需重新评价技能。①

其次，制定高层次人才联合认定办法。目前《长三角生态绿色一体化发展示范区专业技术人才资格和继续教育学时互认暂行办法》对示范区的专业技术人才职业资格、职称和继续教育学时做出了互认的操作办法，但是这种互认办法还比较局限。为了更好地推动高层次人才共享，非常有必要探索扩大示范区的互认政策辐射范围，建立长三角跨省市高层次人才联合认定办法，使得

① 刘帮成，张莹，陈鼎祥．新发展格局下的区域人才一体化：理论与实践[M]．上海：上海交通大学出版社，2021：106－107.

高层次人才在跨省市流动过程中可以畅通无阻，达成区域高层次人才共享共用的愿景。

再次，统一区域人才评价标准。充分发挥专业人才服务机构的作用，建立统一的、规范的人才评价标准，推进区域人才评价标准体系建设。比如，苏州在建筑、规划、生物医药、纳米应用、电子信息等重点领域方面，主动接轨国际人才评价标准，率先在国内开展国际职业资格"比照认定"，先后发布 344 项国际职业资格比照认定目录，首推中德专技人才职业资格"双向互认"，率先打通国际人才评价渠道。①

在调研过程中，我们发现，为突破技能工人职业发展的瓶颈，为技能人才搭建更加顺畅的上升通道，提升其社会地位与职业声誉，我国正积极探索为技能人才构建"新八级"职业技能等级制度。该制度将原有的"五级"技能等级拓展为"新八级"，具体而言，在初级工之下增设学徒工，同时，企业可依据技术技能发展状况，针对已设高级技师的职业（工种），在其之上增设特级技师、首席技师。如此一来，便形成了包含学徒工、初级工、中级工、高级工、技师、高级技师、特级技师、首席技师的职业技能等级（岗位）序列。

当下，长三角各地正积极推进"新八级"等级评价标准的制定工作。然而，目前长三角地区尚未形成统一的标准与依据。在长三角人才一体化的发展进程中，制定适用于该地区的"新八级"评价标准显得尤为迫切，这将为长三角地区技能人才的技术等级晋升提供明确的准则与支撑。

在此方面，英国的经验值得借鉴。英国为消除人才流动障碍，建立了全国统一的职业资格证书制度，将技能型人才划分为 5 个级别，并据此颁发相应证书。这一举措有效优化了人才资源配置，充分发挥了市场在人才流动中的主导作用。

四、健全法律法规，实现区域人才有序共享

有法律法规可依是推动长三角区域人才共享的前提和基础，是实现长三

---

① 姚凯，礼贤显. 苏州：构筑一流人才生态，打造英才首选之城[EB/OL]. [2022-08-23]. https://www.yicai.com/news/101515394.html.

角区域人才有序共享的保证。要大力推进区域一体化发展过程中的法治化建设,完善区域人才共享过程中存在的一些制度漏洞和弊端,健全相关法律法规。在法律法规的约束下,有效推动人才共享规范发展,并确保社会、组织和个体的利益受到保障。不同区域的人才政策和法规可能会存在不协调和相互冲突之处,这些矛盾和冲突会给人才共享流动造成障碍,因此必须健全法律法规体系以形成保障和约束。

首先,健全人才共享中的知识产权保护机制。毋庸置疑,组织的核心技术直接关系着组织的生死存亡,任何组织都不愿意共享或者只愿意在一个很小的范围内共享核心技术或者掌握核心技术的人才。掌握核心技术的人才在共享过程中,极有可能会造成泄密风险。为了防止核心技术的泄露,建议组织对专有的技术等知识资产及时申请专利,用法律这一有效武器将组织的知识产权保护起来,以保持组织的竞争优势。

建议加强长三角人才共享和技术合作中的核心技术保护,健全知识产权风险管理制度,推行人才共享中全员签署知识产权协议,对共享人才进行知识产权事项提醒,甚至以合同形式明确规定共享人才的责权与义务。此外,要推动建立长三角知识产权司法尺度的统一。由于各地政府制定的经济社会发展目标不一致,对知识产权的认识及保护态度也不尽相同,容易在人才共享过程中产生知识产权地方保护主义。建议统一裁判标准,破除地方保护主义,更好地维护长三角人才共享过程中所涉及的知识产权。

其次,强化商业秘密保护机制建设。在推进人才资源共享尤其是高端人才流动过程中,亟须加强商业秘密风险防控体系建设。针对高层次人才流动可能引发的核心技术泄露隐患,需建立系统化、全链条的商业秘密防护机制,平衡人才共享与知识产权保护的协同发展。长三角区域内上海市浦东新区、奉贤区,江苏省无锡市、苏州市、南京市江北新区,浙江省杭州市余杭区、宁波市、温州市和安徽省合肥市高新区成功入选全国商业秘密保护创新试点地区名单,正在探索如何形成更好的商业秘密保护机制。

第三节　完善平台支撑，深化人才柔性共享的保障机制

一、完善信息平台：区域人才柔性共享的基本保障

当前，全球信息化、数字化、智能化发展正呈现加速演进态势，人们习惯于通过信息平台来搜寻各种信息，信息平台的完善是推动区域人才柔性共享快速发展的基本保障。要充分利用长三角先进的大数据技术，完善长三角区域人才共享信息平台建设，这是实现区域人才柔性共享的基本保障，也是破解当前区域人才柔性共享障碍的重要途径。

首先，要建立分类分层的长三角区域人才数据库。在已有的人才数据库基础上，运用区块链技术建立起覆盖三省一市不同行业、不同产业、不同专业、不同层次的人才数据库，行业可以包括制造业、交通运输、信息传输、计算机服务和软件业、金融业、商务服务等主要行业，产业主要聚焦生物医药、人工智能、集成电路和新能源汽车等四大支柱产业，专业涵盖科研人才、技能人才、医疗人才、创新创业人才等，层次覆盖“高精尖缺”的高层次塔尖人才、塔身人才、塔基人才、青年人才等。

其次，要构建和完善以人才供求为核心的信息交换和发布机制。可以通过专业机构追踪区域人才的工作动态、评估最新科技和科研成果，建立项目库和成果库。一方面可以使三省一市动态掌握区域内各类人才信息，为分析区域间不同行业的人才队伍建设现状、制定高层次人才发展规划提供数据支持；另一方面也有利于促进用人单位与专业人才的对接，为区域内的企业调配和输送急需的专业人才创造良好条件。

最后，利用大数据技术，通过资源平台、大型数据库平台、项目载体等实现长三角地区人才资源交流合作、人才信息共享共用，提高用人单位和共享人才之间的匹配成效，激发区域整体的创新活力。建议在上海全球高层次科技人才数据库和信息服务平台的基础上进行拓展，一方面在人才数量和规模上扩充拓展，另一方面在人才类型上进行细分，做强做大全球高层次科技人才数据

库，为长三角人才柔性共享提供基本保障。此外，利用大数据等信息化技术制定产业和人才匹配度动态评估机制，根据人才供需和产业发展实情有针对性地对产业布局及人才计划进行科学调整。①

二、夯实中介平台：区域人才柔性共享的重要保障

有专家指出，东京都市圈有较为完善的国际人才市场，多样化的人才中介平台，约束人才市场和中介机构的市场行为的政策法规，政府—社会二元人才资源共享服务格局，为都市圈人才柔性共享提供了持久动力和重要保障，有力推动了区域内人才资源的共享合作。②

比照国际化大都市圈的经验，长三角地区的区域性人才中介平台还比较欠缺，在数量和功能上都达不到区域人才柔性共享的实际需求。为了更好地推动区域人才柔性共享发展，需要积极借鉴国际经验，进一步夯实人才中介平台。

首先，建议以上海现有的、市场运作效果较好的“上海市人才中介行业协会”为基础，整合长三角地区的类似组织，推动区域内人才中介平台的规范化发展，为长三角区域人才柔性共享提供帮助，在条件成熟的情况下可以考虑成立长三角人才集团。集团化是区域一体化过程中极为重要的经验做法，集团化可以集中优势资源，提升服务能级。

其次，统筹协调政府主导的人才中介平台和以商业化为主的人才中介平台，繁荣人才中介平台，以更加多元的方式提供人才柔性共享服务，为区域人才柔性共享提供更加宽广的渠道和途径。提升人才服务从业者的数量和质量，提高人才柔性共享服务的质量和效率，为区域人才柔性共享提供高质量服务。

最后，建立高端紧缺人才区域联合揽才和“揭榜挂帅”平台。高端紧缺人才的招才引智一直是各地关注的重点和痛点。建议从区域的实际需求出发，通过联合揽才的方式“揭榜挂帅”，提升人才吸引力，打响区域引才品牌效应，

---

① 邢灿. 长三角多城升级招揽人才政策[N]. 中国城市报，2022-07-04(A07).

② 俞菀. 长三角人才一体化多重难题待解 以更完善的政策体系和公共服务促使人才有序流动[N]. 经济参考报，2019-12-16(A04).

提高高端人才的使用效率和使用效果。

三、优化服务平台：区域人才柔性共享的核心保障

广义的人才共享服务平台是指有助于人才集聚、流动、发展的共享服务体系，包括了前述的中介平台和信息平台，而此处所指的服务平台是狭义的概念，主要指区域人才共享过程中的市场配置平台、联合培养平台等。

首先，健全区域人才柔性共享的市场配置平台。推进长三角人才共享需要不断强化市场力量，大力发展市场化专业服务平台，为区域人才共享提供公平公正的竞争平台和环境。比如，位于浙江省杭州市未来科技城的衢州海创园改变了以往由政府一手包办运营的模式，通过市场化方式，委托银江集团和衢海百川作为第三方来运营管理。银江集团擅长孵化器运营和众创空间，衢海百川在资本领域有非常丰厚的资源。通过对两家运营商进行管理，明确主体和考核目标，协作配合，切实提高引才效果。让专业的人做专业的事，让市场选项目、选人才，人才共享之路也因此走得更踏实、更长远。①

其次，建立区域人才联合培养平台。培养是为了更好地使用与发展人才。长三角各地在人才培养方面已经有了一定的合作基础，今后可以拓展培养合作的范围和形式，建立多层次、全方位、立体化的人才联合培养平台。

其一，加强区域内重点发展领域人才的联合培养计划。集成电路、生物医药、新能源汽车、人工智能是长三角地区的四大重点产业，具有规模大、产业链成熟、创新动力强劲等特点，目前已成立四个重点领域的长三角产业链联盟，其中有些联盟在标准研究和长三角范围内标准共建互认方面已取得一些成果。今后可以在此基础上开展相关人才的跨区联合培养，为区域人才共享夯实人才储备。

其二，加强区域内管理人才的培训与交流。利用四地各自资源和优势，区域内可定期开展管理人才的培训，通过培训、考察、论坛、交流会等各种形式的碰撞和激发，不断提升管理者的技能和水平，为区域内管理人才共享合作奠定人才储备基础。

---

① 刘晓燕. 人才共享背后的政府推手[J]. 中国人才，2018(6)：12－15.

其三，建立人才共享的岗位信息平台。通过建立岗位信息平台，发布区域内可以提供共享或挂职锻炼的岗位（可以是相对固定的共享岗位或挂职锻炼机会，也可以是通过参与项目临时提供相对不固定的共享岗位或挂职锻炼机会），加强地区间的人才共享交流，使人才在共享或者挂职锻炼中增长才干、经验、理念、思路，进而带动区域经济社会发展。

参考文献

[1] ALAVI M, LEIDNER D E. Knowledge management systems: issues, challenges, and benefits[J]. Communications of the AIS, 1999, 7: 11-37.

[2] AMABILE T M. Motivational synergy: toward new conceptualizations of intrinsic and extrinsic motivation in the workplace[J]. Human Resource Management Review, 1993, 3(3): 185-201.

[3] BALASSA B. The theory of economic integration. London: Allen and Unwin, 1962.

[4] BOSCHMA A R, FRITSCH M. Creative class and regional growth: empirical evidence from seven European countries[J]. Economic geography, 2015, 85(4): 391-423.

[5] CHEN S, SUN J, LIANG Y. The impact on knowledge transfer to scientific and technological innovation efficiency of talents: analysis based on institutional environment in China[J]. Technology Analysis & Strategic Management, 2024, 36(7): 1398-1413.

[6] DA COSTA P N. Tech Talent scramble, global competition for a limited pool of technology workers is heating up[J]. Finance & Development, 2019(3): 47-49.

[7] DHANARAJ C, PARKHE A. Orchestrating innovation networks[J]. The Academy of Management Review, 2006, 31(3): 659-669.

[8] GLAESER E L, KAHN M E. Sprawl and urban growth[M]//HENDERSON J V, THISSE J F, eds. Handbook of Regional and Urban Economics, Vol. 4: Cities and Geography. Amsterdam: Elsevier, 2004: 2481-2527.

[9] LIU R, Tang F, Wang Y, et al. A modified NK algorithm based on BP neural network and DEMATEL for evolution path optimization of urban innovation ecosystem[J]. Complex & Intelligent Systems, 2021 (prepublish): 1-17.

[10] SAXENIAN A L. From brain drain to brain circulation: transnational communities and regional upgrading in India and China[J]. Studies in Comparative International Development (SCID), 2005, 40(2): 35 - 61.
[11] TAMPOE M. Motivating knowledge workers — the challenge for the 1990s[J]. Long Range Planning, 1993, 26(3): 49 - 55.
[12] WANG Q, CUI C, YU C, et al. From domicile to university to work: the sequential migration of young educated people in the context of the "battle for talent" in China [J]. Population Research and Policy Review, 2023, 42(6): 1 - 26.
[13] ZHANG X, ZHANG X, CHEN X. Happiness in the air: how does a dirty sky affect mental health and subjective well-being? [J]. Journal of Environmental Economics and Management, 2017, 85: 81 - 94.
[14] 阿特金森,埃泽尔,图尔特. 全球创新政策指数报告(2012)[M]. 杨耀武,郭华,魏喜武,等编译. 北京: 党建读物出版社,2014.
[15] 安徽省教育厅. 2022 年安徽省普通高校毕业生就业状况报告[R/OL]. [2023 - 02 - 10]. http://jyt.ah.gov.cn/public/7071/40630234.html.
[16] 安徽省人力资源和社会保障厅. 安徽省新一代信息技术产业人才需求研究(2024—2026)[EB/OL]. [2024 - 11 - 01]. https://hrss.ah.gov.cn/zxzx/gsgg/80755136.html.
[17] 安永(中国)企业咨询有限公司,华为. 2022 中国 ICT 人才生态白皮书[R/OL]. [2022 - 11 - 14]. https://e.huawei.com/en/material/service/880481f0c28b4a6c99f383723d533ce5.
[18] 班慧. 人才,人才,人才! 重要的事说三遍[EB/OL]. [2024 - 01 - 24]. http://lbr.ahnews.com.cn/news/2024/01/24/c_467525.htm.
[19] 班慧. 招才引智: 以"第一资源"激活发展"第一动能"[N]. 安徽日报,2024 - 10 - 31 (1).
[20] 波特. 国家竞争优势[M]. 李明轩,邱如美,译. 北京: 中信出版社,2007.
[21] 长三角与长江经济带研究中心. 重磅发布! 长三角城市经济 30 强成绩单来了[EB/OL]. [2025 - 02 - 27]. https://cyrdebr.sass.org.cn/2025/0227/c6215a576399/page.htm.
[22] 陈光普. "柔性"引才研究——基于沪郊的实证分析[J]. 中国市场,2014(43): 50 - 52.
[23] 陈建军. 浙江经济: 经济全球化进程中的机遇和定位[J]. 浙江社会科学,2003(1): 47 - 48.
[24] 陈劲. 新时代的中国创新[M]. 北京: 中国大百科全书出版社,2021.
[25] 陈劲,刘海兵,杨磊. 科技创新与经济高质量发展: 作用机理与路径重构[J]. 广西财经

学院学报，2020，33（3）：28－42.
[26] 陈劲，杨硕，吴善超. 科技创新人才能力的动态演变及国际比较研究[J]. 科学学研究，2023，41（6）：1096－1105.
[27] 陈举，汪洋. 长三角一体化背景下安徽省人力资本供给研究[J]. 安徽理工大学学报（社会科学版），2022，24（4）：28－34.
[28] 陈丽君，李言，傅衍. 激发人才创新活力的生态系统研究[J]. 治理研究，2022，38（4）：39－50＋125.
[29] 陈亮，石晓飞. 京津冀人才柔性共享机制研究[M]. 北京：人民出版社，2021.
[30] 陈亮，石晓飞. 京津冀人才一体化发展研究报告[M]. 北京：社会科学文献出版社，2023.
[31] 陈萍. 人才柔性流动机制——产学研合作创新的必然选择[J]. 当代经济，2007（10）：156－157.
[32] 陈书洁. 京津冀人才资源开发及合作策略[J]. 北京社会科学，2011（4）：56－62.
[33] 陈万明，赵蕾. 长三角人才开发一体化的动力机制探讨[J]. 南京工业大学学报（社会科学版），2006（4）：35－39.
[34] 陈勇. 重回金币时代：佛罗伦萨佛罗琳金币的铸造与传播[J]. 史林，2023（3）：1－15.
[35] 陈煜波，马晔风. 数字化转型——数字人才与中国数字经济发展[M]. 北京：中国社会科学出版社，2020.
[36] 崔艺林. 长三角铁路营业里程破 1.5 万公里[N]. 解放日报，2025－01－08（10）.
[37] 德勤. 2024 年全球人力资本趋势报告[R/OL]. [2024－03－21]. https://www.cdrf.org.cn/jjh/pdf/dele0514.pdf.
[38] 丁锐，赵宏亮，韩伟. 国内产业创新生态系统研究回顾与展望[J]. 今日科苑，2024，（11）：70－82.
[39] 丁薛祥. 第一财富——2005 年度人才强市战略研究[M]. 上海：上海社会科学院出版社，2006.
[40] 董博. 走向人才强国的治理之路[M]. 吉林：东北师范大学出版社，2020.
[41] 段戴平，王欣雨，李明芳. 中西部高校高层次人才流动的失序困境与纾解[J]. 高教发展与评估，2024，40（5）：33－45＋120－121.
[42] 樊继达. 创新适应新发展阶段要求：时代意蕴与应对之策[J]. 人民论坛·学术前沿，2021（13）：60－67.
[43] 范和生. 安徽社会发展报告（2021）[M]. 北京：社会科学文献出版社，2021.
[44] 范和生. 安徽社会发展报告（2023）[M]. 北京：社会科学文献出版社，2024.
[45] 范宇斌.《上海创新创业生态研究报告》发布[EB/OL]. [2024－05－18]. https://www.chinanews.com/cj/2024/05-18/10219132.shtml.

[46] 封丽,詹文青,云云,等.战略科技人才群体结构特征和成长规律研究——以院士群体为例[J].图书情报导刊,2024,9(9):64-73.

[47] 高太山.民营企业创新现状分析[N].中国经济时报,2023-10-16(A03).

[48] 郭金花,陈鑫.科技人才集聚与经济高质量发展:技术红利还是结构红利?[J].创新科技,2021,21(11):75-84.

[49] 郭庆松.长三角人才共享机制:问题与对策[J].社会科学,2007(5):21-27.

[50] 郭庆松.人才发展:突出问题及对策研究[M].北京:人民出版社,2018.

[51] 郭庆松,赵建平.长三角人才共享研究[M].北京:中国人口出版社,2006.

[52] 郭淑芬,张文礼.科技人才区域集聚为何不同——基于创新环境空间差异的解释[J].科技进步与对策,2022,39(11):152-160.

[53] 国家统计局.人口大国向人力资源强国转变 人口高质量发展取得成效——新中国75年经济社会发展成就系列报告之十五[EB/OL].[2024-09-20].https://www.stats.gov.cn/sj/sjjd/202409/t20240920_1956588.html.

[54] 合肥市人力资源和社会保障局.关于开展合肥市柔性引才补贴工作的通知[EB/OL].[2023-11-09].https://si12333.cn/policy/mrcds.html.

[55] 何冬健.白马湖实验室和浙江工业大学共建科教融合学院 编制在高校 科研在平台 转化在企业[N].浙江日报,2024-11-20(1).

[56] 何冬健."创新浙江加速度"系列观察②教科人一体化,破题关键何在[N].浙江日报,2025-02-13(1).

[57] 何丽君.中国建设世界重要人才中心和创新高地的路径选择[J].上海交通大学学报(哲学社会科学版),2022,30(4):33-42.

[58] 何琪.长三角经济发展中的人才共享形式探讨[J].人才开发,2006(12):18-20.

[59] 何琪.区域人才共享:问题与对策[J].现代管理科学,2012(3):110-112.

[60] 贺国庆,何振海.从西方大学改革二百年历程中获得的启示[J].教育研究,2007,28(12):42-46.

[61] 侯建东.中国人才学史(1979—2015)[M].上海:同济大学出版社,2017.

[62] 胡本田,曹欢.长三角高质量一体化发展研究——基于人才吸引力视角[J].华东经济管理,2020,34(10):1-10.

[63] 胡作华.长三角十市一区29日组建高端智力人才战略联盟[EB/OL].[2010-10-29].https://www.gov.cn/jrzg//2010-10/29/content_1733340.htm.

[64] 黄海刚.散居者策略:人才环流背景下海外人才战略的比较研究[J].比较教育研究,2017,39(9):55-62.

[65] 黄海刚,曲越,连洁.中国高端人才过度流动了吗——基于国家"杰青"获得者的实证分析[J].中国高教研究,2018(6):56-61.

[66] 黄涛，金茹静，樊艳萍. 17 世纪的英国：涌现科学群星[J]. 中国人才，2024(5)：81－83.

[67] 黄涛，孔德斯，樊艳萍. 16 世纪的意大利：近代科学缘何从这里兴起[J]. 中国人才，2024(3)：79－81.

[68] 黄永春，邹晨，叶子. 长三角人才集聚的非均衡格局与一体化协同发展机制[J]. 江海学刊，2021(2)：240－248＋255.

[69] 霍丽霞，王阳，魏巍. 中国科技人才集聚研究[J]. 首都经济贸易大学学报，2019，21(5)：13－21.

[670] 嵇尚洲. 长三角区域一体化举措与路径[J]. 科学发展，2017(3)：47－57.

[71] 吉林省人民政府. 关于印发《关于支持企业柔性引进人才的实施办法(试行)》的通知[EB/OL]. [2023－08－11]. https://xxgk.jl.gov.cn/zcbm/fgw_97992/xxgkmlqy/202308/t20230811_8780003.html.

[72] 江苏省人民政府. 过去五年工作回顾[EB/OL]. [2023－01－29]. https://www.jiangsu.gov.cn/col/col88025/index.html.

[73] 江苏省人民政府. 深化“江苏工匠”培育工程 加强高技能人才队伍建设若干措施新闻发布会[EB/OL]. [2025－01－13]. https://www.jiangsu.gov.cn/art/2025/1/13/art_46548_313.html.

[74] 江苏省统计局. 2023 年江苏省国民经济和社会发展统计公报[EB/OL]. [2024－03－05]. https://tj.jiangsu.gov.cn/art/2024/3/5/art_85764_11264412.html.

[75] 江耘，王春，吴长锋，等. 打破壁垒 构建科研人才“共享模式”[N]. 科技日报，2020－06－04(3).

[76] 姜兴，张贵. 京津冀人才链与产业链耦合发展研究[J]. 河北学刊，2022，42(2)：170－176.

[77] 姜炎鹏，王鑫静，马仁锋. 创新人才集聚的理论探索——全球人才流动的城市选择视角[J]. 地理科学，2021，41(10)：1802－1811.

[78] 兰红光. 习近平在同外国专家座谈时强调中国要永远做一个学习大国[N]. 人民日报，2014－05－24(1).

[79] 蓝志勇，刘洋. 美国人才战略的回顾及启示[J]. 国家行政学院学报，2017(1)：50－55＋126－127.

[80] 乐翠球，陈潇奕. 落地生根，更要开花结果——人才流动共享的问与答(三)[N]. 浙江日报，2025－03－12(9).

[81] 李从容，郝乐桐，谷亚旭. 科技服务机构集聚特征及影响因素分析[J]. 决策咨询，2023(6)：79－87＋91.

[82] 李丁，张艳，马双，等. 大气污染的劳动力区域再配置效应和存量效应[J]. 经济研究，

2021,56(5)：127－143.
[83] 李富森. 论德国第二次工业革命的成就与特点[J]. 临沂大学学报,2012(3)：27－31.
[84] 李建民. 人力资本通论[M]. 上海：上海三联书店,1999.
[85] 李卷书,李玉杰. 粤港澳大湾区科技人才共享问题及路径研究[J]. 特区经济,2019(1)：38－44.
[86] 李黎明. 布雷顿森林体系视角下美苏经济合作解体与美元霸权化[J]. 外国问题研究,2024(2)：119－131.
[87] 李明英,张席瑞. 中部六省人才柔性流动下的聚集效应研究[J]. 中国行政管理,2007(4)：43－45.
[88] 李清娟,汝刚. 智库观点：长三角"人才一体化"存在的问题及对策建议[EB/OL]. [2019－01－22]. https://www. jfdaily. com. cn/staticsg/res/html/web/newsDetail. html? id=128050&v=1. 7&sid=67.
[89] 李维平. 对人才定义的理论思考[J]. 中国人才,2010(23)：64－66.
[90] 李晓娣,张小燕. 区域创新生态系统对区域创新绩效的影响机制研究[J]. 预测,2018,37(5)：22－28+55.
[91] 李燕,高擎. 产学研融合赋能"双循环"发展路径与对策——创新生态系统视角[J]. 科技管理研究,2023,43(22)：31－37.
[92] 李正瑞,苗仁涛. 科技人才共享机制与实现路径[J]. 中国人事科学,2023(2)：31－40.
[93] 李佐军,孙飞. 人才区域布局合理化与发展协调性研究[J]. 发展研究,2023,40(3)：39－44.
[94] 梁茂信. 美国人才吸引战略与政策史研究[M]. 北京：中国社会科学出版社,2015.
[95] 林小昭. 十大人才增长最多城市盘点：上海第一,深圳第二[N]. 第一财经日报,2021－11－26(A10).
[96] 林越晶. 人事人才政策法规的改进策略探析[J]. 中国卫生人才,2016(3)：16－18.
[97] 林镇南,孙丰伟. 中国人工智能人才培养存在的问题和建议[EB/OL]. [2024－04－03]. https://www. yicai. com/news/102054523. html.
[98] 刘帮成,张莹,陈鼎祥. 新发展格局下的区域人才一体化：理论与实践[M]. 上海：上海交通大学出版社,2021.
[99] 刘兵,曾建丽,梁林,等. 京津冀地区科技人才分布空间格局演化及其驱动因素[J]. 技术经济,2018,37(5)：86－92+123.
[100] 刘洪超. 没有煤,"饭碗"也要端稳当[N]. 人民日报,2018－11－02(17).
[101] 刘静文. 大科学装置"拔节生长"创新动能"蓄势奔涌"[N]. 安徽日报,2025－03－05(5).
[102] 刘秋红,罗小玲,王建伟,等. 科技服务机构在科技中小企业与科研院所合作中的服

务研究——以兰州地区为例[J]. 甘肃科技纵横，2019，48(12)：60 - 64+96.
[103] 刘士安，戴林峰，黄晓慧. 构建开放创新生态 上海张江活力四射[N]. 人民日报，2022 - 12 - 09(13).
[104] 刘士安，巨云鹏. 长三角扎实推进一体化高质量发展[N]. 人民日报，2022 - 08 - 24(1).
[105] 刘小容. 安徽国家企业技术中心总数稳居全国第五[N]. 合肥日报，2024 - 01 - 23(A03).
[106] 刘晓燕. 人才共享背后的政府推手[J]. 中国人才，2018(6)：12 - 15.
[107] 刘志彪，江静. 长三角一体化发展的体制机制研究[M]. 北京：中国人民大学出版社，2021.
[108] 刘追. 丝绸之路经济带背景下新疆人才共享机制研究[J]. 行政论坛，2017，24(1)：102 - 106.
[109] 陆铭. 大国大城[M]. 上海：上海人民出版社，2016.
[110] 陆晓华. 产业科技创新做强发展“主引擎”[N]. 苏州日报，2024 - 07 - 03(A01).
[111] 罗洪铁. 再论人才定义的实质问题[J]. 中国人才，2002(3)：23 - 24.
[112] 罗旭. 柔性治理，释放柔性引才新活力[N]. 光明日报，2019 - 01 - 27(7).
[113] 吕有勇. 世界科学中心转移轨迹的启迪：科技创新与人才团队培育问题浅析[J]. 中国基础科学，2014，16(4)：3 - 10.
[114] 马抗美. 人才法学：一门亟待建立的新兴学科[J]. 政法论坛，2015，33(1)：113 - 118.
[115] 马双，汪怿. 人才政策对人才跨区域流动的影响——以长三角城市群为例，中国人口科学，2023(1)：101 - 113.
[116] 马雪梅，孙国斌，杨风霞，等. 新型举国体制下复杂重大工程创新研究——基于创新生态理论的视角[J]. 工程研究——跨学科视野中的工程，2020，12(2)：142 - 154.
[117] 脉脉人才智库. 抢滩数字时代・2023 人才迁徙报告[R/OL]. [2022 - 12]. https://www. sdyanbao. com/detail/336976.
[118] 孟晚舟. 读书万卷，咖啡千杯[EB/OL]. [2022 - 09 - 02]. https://www. sznews. com/news/content/2022-09/02/content_25348817. htm.
[119] 苗成斌，黄建军，薛莉，等. 打造江苏人才发展现代化先行区的目标构想与路径优化[J]. 唯实，2023(5)：68 - 71.
[120] 苗月霞. 人才政策贵在“有效”[N]. 光明日报，2018 - 05 - 20(7).
[121] 聂宁帆. 西部地区出现“候鸟”型人才流动模式[N]. 中国高新技术产业导报，2001 - 04 - 10(5).
[122] 牛冲槐，曹阳，郭丽芳. 科技型人才聚集环境及聚集效应分析(三)——社会环境对科技型人才聚集效应的影响分析[J]. 太原理工大学学报(社会科学版)，2008(1)：

22 - 26.
[123] 牛冲槐，高祖艳，王娟. 科技型人才聚集环境评判及优化研究[J]. 科学学与科学技术管理，2007(12)：127 - 133.
[124] 牛冲槐，江海洋. 硅谷与中关村人才聚集效应及环境比较研究[J]. 管理学报，2008(3)：396 - 400+468.
[125] 牛国元，支雯. 柔性引才引智政策机制研究[M]. 宁夏：阳光出版社，2023.
[126] 潘晨晨，李莞荷，王顶明. 人才流向何处："双一流"高校毕业生空间流动特征研究[J]. 复旦教育论坛，2024，22(4)：34 - 43.
[127] 潘家栋，包海波. 创新飞地的发展动向与前景展望[J]. 浙江学刊，2021(3)：125 - 131.
[128] 裴文乾，张宓之，何雪莹，等. 新发展格局视域下我国重点区域科技人才发展特征分析[J]. 今日科苑，2023(12)：26 - 36.
[129] 钱童心. 从阿里巴巴到 DeepSeek：政府有所不为，企业大有作为[N]. 第一财经日报，2025 - 02 - 20(A10).
[130] 清华大学经济管理学院互联网发展与治理研究中心，上海科学技术政策研究所. 人才驱动长三角地区区域一体化与数字化转型[J]. 国际人才交流，2019(3)：20 - 22.
[131] 清华经管互联网发展与治理研究中心. 长三角地区数字经济与人才发展研究报告[R/OL]. [2018 - 10]. https://cidg. sem. tsinghua. edu. cn/info/1020/1110. htm.
[132] 全球化智库. 全球人才流动趋势与发展报告(2022)[R/OL]. [2022 - 11]. http://www. ccg. org. cn/archives/72200.
[133] 饶敏. 抓住"泛珠三角"经济协作契机实现高校教师资源共享——对"实施人才资源区域共享战略"的省思[J]. 高教探索，2005(1)：61 - 62.
[134] 任采文. 更加注重柔性引才用才[J]. 中国人才，2016(3)：2 - 3.
[135] 任泽平团队. 中国城市 95 后人才吸引力排名：2023[EB/OL]. [2023 - 11 - 01]. https://news. qq. com/rain/a/20231102A000GY00.
[136] 任泽平团队. 中国城市发展潜力排名：2023[EB/OL]. [2023 - 09 - 27]. https://news. qq. com/rain/a/20230928A000AN00.
[137] 山东省教育厅(省委教育工委). 山东理工大学实施"一人双岗"计划 构建校地人才共引共用机制[EB/OL]. [2021 - 02 - 01]. http://edu. shandong. gov. cn/art/2021/2/1/art_11972_10285891. html.
[138] 上海社科院"长三角青年和人才友好型城市发展指数"课题组. 长三角青年和人才友好型城市指数分析之三——流动与集聚[J]. 长三角观察，2022(1/2/3)：31 - 34.
[139] 上海市政府新闻办. 支持长三角生态绿色一体化发展政策出台[J]. 上海质量，2022(10)：32 - 33.

[140] 邵琪，张义民. 斯坦福大学教师队伍建设的关键举措、特征及启示[J]. 教育文化论坛，2022，14(2)：55 - 61.

[141] 沈欣妍，易佳颖. 上海社科院副院长王振：长三角创新驱动力年均进步率达 4.8%，创新雁阵强劲活跃[EB/OL]. [2023 - 10 - 28]. https://m.21jingji.com/article/20231028/herald/c974a38f5b2347ace6664ae957ae3238.html.

[142] 施瓦布. 第四次工业革命[M]. 世界经济论坛北京代表处，李菁，译. 北京：中信出版社，2016.

[143] 宋成一，刘盈盈. 国内人才共享研究述评[J]. 西北民族大学学报(哲学社会科学版)，2019(3)：136 - 144.

[144] 宋志平. 共享机制[M]. 北京：机械工业出版社，2023.

[145] 苏东水. 管理心理学(修订版)[M]. 上海：复旦大学出版社，1993.

[146] 苏立宁，廖求宁."长三角"经济区地方政府人才政策：差异与共性——基于 2006—2017 年的政策文本[J]. 华东经济管理，2019，33(7)：27 - 33.

[147] 孙阿俊，武兰芬，姜军. 区域创新生态系统视域下的产业转型升级路径——基于组态视角的分析[J]. 财会月刊，2024，45(21)：122 - 128.

[148] 孙波. 大科学时代的美国科技体制变化[J]. 信息通信，2012(2)：274 - 275.

[149] 孙健，于波强. 人才集聚中的动态均衡机制研究[J]. 科技进步与对策，2010，27(5)：145 - 149.

[150] 孙健. 人才集聚的理论分析与实证研究[M]. 北京：科学出版社，2021.

[151] 孙锐，冯凌，等. 人才发展治理体系研究[M]. 北京：经济科学出版社，2022.

[152] 泰罗. 科学管理原理[M]. 胡隆昶，冼子恩，曹丽顺，译. 北京：中国社会科学出版社，1984.

[153] 佟林杰，孟卫东. 环渤海区域人才共享机制的瓶颈因素及对策研究[J]. 科技管理研究，2013，33(21)：91 - 94+99.

[154] 王飞航，本连昌. 创新生态系统视角下区域创新绩效提升路径研究[J]. 中国科技论坛，2021(3)：154 - 163.

[155] 王峰. 协同创新视角下京津冀区域人才资源共享研究[M]. 河北：河北科学技术出版社，2023.

[156] 王高峰，杨浩东，汪琛. 国内外创新生态系统研究演进对比分析：理论回溯、热点发掘与整合展望[J]. 科技进步与对策，2021，38(4)：151 - 160.

[157] 王海兵，李先军. 传统产业转型升级面临的压力及政策建议[J]. 发展研究，2024，41(11)：18 - 24.

[158] 王海军，金姝彤，束超慧，等. 为什么硅谷能够持续产生颠覆性创新？——基于企业创新生态系统视角的分析[J]. 科学学研究，2021，39(12)：2267 - 2280.

[159] 王建平. 上海科技人才发展研究报告 2019[M]. 上海：上海交通大学出版社，2019.

[160] 王京生. 世界四大湾区人才流动比较分析及启示[J]. 特区实践与理论，2022(3)：79 - 86.

[161] 王娟，贾冀南. 人才共享——雄安新区人才集聚新方式[J]. 价值工程，2020，39(3)：24 - 25.

[162] 王黎明，王宁. 人才集聚、科技创新与经济高质量增长的交互效应——基于省级面板数据 VAR 模型的实证分析[J]. 河南师范大学学报(哲学社会科学版)，2021，48(1)：88 - 94.

[163] 王林雪，崔镁丹. 区域科技人才集聚环境竞争力比较分析及对策建议——基于全国 31 个省市数据的实证研究[J]. 西安电子科技大学学报(社会科学版)，2020，30(2)：46 - 55.

[164] 王全纲，袁兴国. 软件服务外包人才培养路径探析——基于校企协同培育机制的探索[J]. 中国教育学刊，2017(增刊 1)：20 - 23.

[165] 王全纲，赵永乐. 全球高端人才流动和集聚的影响因素研究[J]. 科学管理研究，2017，35(1)：91 - 94.

[166] 王绍超，李林松. 19 世纪的德国：变革背景下科技的蓬勃兴起[J]. 中国人才，2024(9)：81 - 83.

[167] 王绍超. 18 世纪的法国：迎来法兰西科学时代[J]. 中国人才，2024(7)：79 - 81.

[168] 王绍超. 世界科学中心转移的历史变迁及启示[J]. 中国人才，2025(1)：83 - 85.

[169] 王顺. 我国城市人才环境综合评价指标体系研究[J]. 中国软科学，2004(3)：148 - 151.

[170] 王通讯. 人才学通论[M]. 天津：天津人民出版社，1985.

[171] 王晓航. 跨区域科技人才共享实践模式比较研究[J]. 科学管理研究，2020，38(2)：126 - 131.

[172] 王战军，蔺跟荣. 世界一流大学高地形成的时空逻辑与经验启示[J]. 大学教育科学，2022(1)：4 - 11.

[173] 王振，胡雯，陈程. 长三角人才一体化发展研究[M]. 上海：上海社会科学院出版社，2023.

[174] 王振，刘亮. 长三角地区经济发展报告(2022～2023)[M]. 北京：社会科学文献出版社，2024.

[175] 韦伯. 中国的宗教：宗教与世界[M]. 康乐，简惠美，译. 桂林：广西师范大学出版社，2004.

[176] 邬焕庆，商意盈，唐弢，等. 聚天下英才，谋盛世伟业——浙江实施人才强省战略二十周年观察[EB/OL]. [2023 - 12 - 28]. https://www.news.cn/politics/20231228/

05fb64c93d4648778a31504dfa3594e0/c. html.
[177] 吴蓓，王文奎，李艳玲. 人才多渠道柔性利用的核心理念和基本形式[J]. 科技进步与对策，2009，26(24)：184－186.
[178] 吴光东，袁明杰，谢智敏. 创新生态系统驱动城市创新绩效路径识别[J]. 中国科技论坛，2024(9)：11－20＋56.
[179] 吴江. 人才强国战略概论[M]. 北京：党建读物出版社，2017.
[180] 吴静，黄学文，陈恩强. 培育新质生产力背景下粤港澳大湾区高水平人才高地建设的实证探析——基于高被引科学家群体特征计量与政策分析[J]. 科技管理研究，2024，44(13)：31－41.
[181] 吴玲. "人才共享"办法好[J]. 民主，2008(1)：48.
[182] 习近平. 在欧美同学会成立一百周年庆祝大会上的讲话[N]. 人民日报，2013－10－22(2).
[183] 习近平. 习近平谈治国理政 第三卷[M]. 北京：外文出版社，2020.
[184] 习近平. 深入实施新时代人才强国战略加快建设世界重要人才中心和创新高地[J]. 求是，2021(24)：4－15.
[185] 习近平. 高举中国特色社会主义伟大旗帜为全面建设社会主义现代化国家而团结奋斗——在中国共产党第二十次全国代表大会上的报告[J]. 党建，2022(11)：4－28.
[186] 习近平. 在中国科学院第十九次院士大会、中国工程院第十四次院士大会上的讲话(二〇一八年五月二十八日)[M]//论科技自立自强. 北京：中央文献出版社，2023：194－211.
[187] 夏怡然，陆铭. 城市间的"孟母三迁"——公共服务影响劳动力流向的经验研究[J]. 管理世界，2015(10)：78－90.
[188] 项凤华. 长三角 19 个城市打造招聘信息联合搜索[N]. 现代快报，2012－08－15(F15).
[189] 谢晨. 美国汇聚全球人才的路径[N]. 中国教育报，2023－07－20(7).
[190] 谢军. "长三角"人才开发一体化有效运行[N]. 光明日报，2004－12－04.
[191] 谢云挺. 沪浙苏：跨出人才共享第一步[N]. 新华每日电讯，2003－08－08(2).
[192] 邢灿. 长三角多城升级招揽人才政策[N]. 中国城市报，2022－07－04(A07).
[193] 徐芳，何勤. 中国创新人才发展报告(2023)[M]. 北京：社会科学文献出版社，2023.
[194] 徐鹤森. 18 世纪法国启蒙运动在欧洲各国的影响[J]. 江西社会科学，2004，24(2)：132－134.
[195] 徐红彦，梁茂信. 美国吸引外籍技术人才的政策与实践——以临时技术劳工制度为例[J]. 美国研究，2015，29(4)：147－160＋8.
[196] 徐兰，徐婷. 德国技术转移体系对我国的启示[J]. 中国高校科技，2017(4)：51－53.

[197] 徐茜,张体勤. 基于城市环境的人才集聚研究[J]. 中国人口·资源与环境,2010,20(9):171－174.

[198] 徐长春,杨雄年. 创新生态系统:理论、实践与启示[J]. 农业科技管理,2018,37(4):1－4.

[199] 许秋璇,吴永和. 教育数字化转型的驱动因素与逻辑框架——创新生态系统理论视角[J]. 现代远程教育研究,2023,35(2):31－39.

[200] 许涛,张学良,刘乃全,等. 2019—2020 中国区域经济发展报告——长三角一体化与区域协同治理[M]. 北京:人民出版社,2020.

[201] 许统邦,涂台良. 怎样提高人力资源利用率[M]. 广州:华南理工大学出版社,1999.

[202] 许志桦,刘云刚,胡国华. 从珠三角到大珠三角再到粤港澳大湾区:改革开放以来中国的国家尺度重组[J]. 热带地理,2019,39(5):635－646.

[203] 薛琪薪,吴瑞君. 长三角人才集聚与流动的现状特征与人才协同政策建构[J]. 上海城市管理,2020,29(3):44－51.

[204] 鄢圣文. 京津冀人才一体化发展战略[M]. 北京:中国经济出版社,2016.

[205] 颜世清. 国际化视域下的高职服务外包人才培养创新[J]. 教育与职业,2017(21):106－112.

[206] 央视新闻客户端. 央视《新闻 30 分》聚焦白马湖实验室教科人一体化发展工作[EB/OL]. [2024－08－26]. https://www.zjenergy.com.cn/ZNWW/contents/138/1101.html.

[207] 杨春苑,李春荣. 论西方人文主义[J]. 西安电子科技大学学报(社会科学版),2011,21(2):85－89.

[208] 杨舒. 2022 年我国研发经费投入突破 3 万亿元 创新型国家建设获有力支撑[N]. 光明日报,2023－09－19(8).

[209] 杨小婉,朱桂龙,吕凤雯,等. 产学研合作如何提升高校科研团队学者的学术绩效?——基于行为视角的多案例研究[J]. 管理评论,2021,33(2):338－352.

[210] 姚凯,礼贤显. 苏州:构筑一流人才生态,打造英才首选之城[EB/OL]. [2022－08－23]. https://www.yicai.com/news/101515394.html.

[211] 姚凯. 深化人才一体化,赋能长三角高质量发展[N]. 光明日报,2021－09－23(8).

[212] 姚凯,李显显. 为区域人才一体化打造示范样板——长三角生态绿色一体化发展示范区人才一体化发展指数(2024)发布[J]. 中国人才,2025(2):27－29.

[213] 姚凯,王亚娟. 空气质量对企业人才集聚的影响机制研究[J]. 复旦学报(自然科学版),2023,62(3):340－351.

[214] 姚远. 近代英国学术期刊体制及学术奖励的发端[J]. 经济社会史评论,2015(3):75－85＋127.

[215] 叶辉，徐锦庚. 柔性流动：人才机制的重大突破[N]. 光明日报，2002－05－22.
[216] 叶晓倩，陈伟. 我国城市对科技创新人才的综合吸引力研究——基于舒适物理论的评价指标体系构建与实证[J]. 科学学研究，2019，37(8)：1375－1384.
[217] 叶忠海. 人才学基本原理[M]. 北京：蓝天出版社，2005.
[218] 叶忠海. 人才学历程、创新和发展[M]. 上海：上海交通大学出版社，2024.
[219] 佚名. 闵行：首创改革打造创新发展新引擎——“大零号湾”加快形成科学家敢干、资本敢投、企业敢闯、政府敢支持的创新生态[N]. 文汇报，2025－03－04(特9).
[220] 于博，张骅，龚晨. 从海外经历调查与人才流动趋势看上海的人才国际化[J]. 科学发展，2021(1)：61－66.
[221] 余博，潘爱民. 数字经济、人才流动与长三角地区高质量发展[J]. 自然资源学报，2022，37(6)：1481－1493.
[222] 余兴安，黄梅，孙一平，等. 人才研究重要命题辨析[M]. 北京：中国人事出版社，2024.
[223] 俞菀. 长三角人才一体化多重难题待解 以更完善的政策体系和公共服务促使人才有序流动[N]. 经济参考报，2019－12－16(A04).
[224] 袁娟，南连伟，陈璐维. 人才法制建设的现状分析与对策建议[J]. 中国人事科学，2018(4)：50－56.
[225] 曾方，张艳林. 上海科技人才发展研究报告 2022—2023[M]. 上海：学林出版社，2023.
[226] 曾刚，王丰龙. 长三角区域城市一体化发展能力评价及其提升策略[J]. 改革，2018(12)：103－111.
[227] 曾国屏，苟尤钊，刘磊. 从“创新系统”到“创新生态系统”[J]. 科学学研究，2013，31(1)：4－12.
[228] 张贵，温科，宋新平，等. 创新生态系统理论：理论与实践[M]. 北京：经济管理出版社，2018.
[229] 张健. 宁波人才发展报告 2023[M]. 北京：中国商业出版社，2023.
[230] 张瑾. 20 世纪下半叶美国科技人才发展状况及启示[J]. 史学集刊，2023(2)：129－140.
[231] 张京，邢明强. 京津冀科技人才共享的抽样调查分析[J]. 统计与管理，2016(5)：27－31.
[232] 张俊宗. 德国高等教育改革与建立现代大学制度的探索[J]. 天水师范学院学报，2003，23(3)：72－77.
[233] 张天祁. 全球顶级 AI 人才调查：最精英的首选美国就业，中国输出最多[EB/OL].[2024－03－28]. https://www.thepaper.cn/newsDetail_forward_26842815.

[234] 张薇薇，赵静杰. 协同创新中人才资源共享模式与创新绩效研究[J]. 科学管理研究，2019，37(5)：143－147.

[235] 张向前，刘小芳. 中国构建世界绿色经济重要人才中心和创新高地——基于世界五大湾区的对比研究[J]. 科学管理研究，2025，43(1)：121－129.

[236] 张璇. 牢固树立柔性引才理念[N]. 中国组织人事报，2016－04－25(3).

[237] 张一博. 数字经济背景下长春市人才发展对策研究——基于上海、杭州数字经济人才发展的分析[J]. 中国市场，2022(6)：174－175.

[238] 张玉强，孙淑秋. “揭榜挂帅”：内涵阐释、实践探索与创新发展[J]. 经济体制改革，2021(6)：13－19.

[239] 张耘. 上海 122 人次入选 2023 年科瑞唯安全球高被引科学家榜单[EB/OL]. [2024－11－29]. https://www.istis.sh.cn/cms/news/article/92/27156.

[240] 浙江省人力资源和社会保障厅. 2023 年度浙江省人力资源和社会保障事业发展统计公报[EB/OL]. [2024－08－19].https://rlsbt.zj.gov.cn/art/2024/8/19/art_1229249828_5349674.html.

[241] 浙江省委党校课题组，姚连营. 杭州城市人才吸引力及其提升策略——基于杭州 987 名高学历青年人才的问卷调查[J]. 浙江经济，2018(16)：52－53.

[242] 中共浙江省委人才工作领导小组办公室，浙江省人才发展研究院. 浙江人才发展蓝皮书(2020)[M]. 浙江：浙江大学出版社，2020.

[243] 中共中央党史和文献研究院编. 习近平关于人才工作论述摘编[M]. 北京：中央文献出版社，2024.

[244] 中共中央　国务院印发长江三角洲区域一体化发展规划纲要[N]. 人民日报，2019－12－02(1).

[245] 中共中央马克思恩格斯列宁斯大林著作编译局. 马克思恩格斯文集(第五卷)[M]. 北京：人民出版社，2009.

[246] 中国科协创新战略研究院. 149＋45 位！共和国院士队伍再添力量，谁将接力撑起科技的一片天？[EB/OL]. [2021－11－19]. https://m.thepaper.cn/baijiahao_15465259.

[247] 中国科协调研宣传部，中国科协创新战略研究院. 中国科技人力资源发展研究报告(2020)[M]. 北京：清华大学出版社，2021.

[248] 中国人才研究会，中国人事科学研究院. 中国人才研究(第六辑)[M]. 北京：知识产权出版社，2024.

[249] 中国人才研究会编. 人才战略理论与方法[M]. 北京：党建读物出版社，2017.

[250] 中国新闻网. 上海 2023 年共引进吸引海内外人才 17.2 万人同比增长 12%[EB/OL]. [2024－03－28]. https://www.chinanews.com.cn/gn/2024/03-28/10188561.

shtml.
[251] 中国银行研究院全球银行业研究课题组. 全球银行业展望报告 2024(2)[R/OL]. [2024 - 04 - 01]. https://www.hangyan.co/reports/3336597446942787215?page_num=39.
[252] 中华人民共和国教育部. 高等教育专任教师学历、专业技术职务情况(总计)[EB/OL]. [2024 - 12 - 25]. http://www.moe.gov.cn/jyb_sjzl/moe_560/2023/gedi/202501/t20250120_1176250.html.
[253] 中华人民共和国科学技术部. 中国科技人才发展报告(2022)[M]. 北京：科学技术文献出版社，2023.
[254] 中华人民共和国人力资源和社会保障部. 国家中长期人才发展规划纲要(2010—2020)[EB/OL]. [2010 - 06 - 06]. https://www.mohrss.gov.cn/xxgk2020/fdzdgknr/qt/201507/t20150724_215737.html.
[255] 中华人民共和国商务部. 习近平出席首届中国国际进口博览会开幕式并发表主旨演讲[EB/OL]. [2018 - 11 - 05]. https://m.mofcom.gov.cn/article/ae/ldhd/201811/20181102803311.shtml.
[256] 中华人民共和国中央人民政府. 中共中央 国务院印发《长江三角洲区域一体化发展规划纲要》[EB/OL]. [2019 - 12 - 01]. https://www.gov.cn/gongbao/content/2019/content_5462503.htm.
[257] 周佳，朱蕾蕊，傅衍. 人才强省二十年的浙江路径[J]. 中国人才，2024(3)：27 - 29.
[258] 周密，黄甜. 习近平总书记关于京津冀协同发展重要论述的演进历程、核心内容及实践路径[J]. 理论与现代化，2024(5)：20 - 30.
[259] 周施廷. 但丁的政治价值与文化价值——薄伽丘《但丁传》略论[J]. 历史教学(下半月刊)，2012(4)：32 - 37+43.
[260] 周文斌，李宁，唐华茂. 新时代人才强国战略下国有企业人才队伍建设研究[J]. 企业经济，2023，42(4)：16 - 27.
[261] 朱孔阳. 截至 9 月底安徽技能人才总量超 770 万人[EB/OL]. [2024 - 10 - 30]. https://www.chinanews.com.cn/sh/2024/10-30/10310954.shtml.
[262] 朱杏珍. 人才集聚过程中的羊群行为分析[J]. 数量经济技术经济研究，2002(7)：53 - 56.
[263] 訾谦，董城. 北京：高质量发展迈出坚实步伐[N]. 光明日报，2024 - 03 - 20(3).

图书在版编目(CIP)数据

人才柔性共享 ：理论与实践 / 何琪著. -- 上海 ：上海社会科学院出版社，2025. -- ISBN 978-7-5520-4815-5

Ⅰ. C964.2

中国国家版本馆 CIP 数据核字第 2025BE3880 号

人才柔性共享：理论与实践

著　　者：何　琪
责任编辑：赵秋蕙
封面设计：裘幼华
出版发行：上海社会科学院出版社
上海顺昌路 622 号　邮编 200025
电话总机 021－63315947　销售热线 021－53063735
https://cbs.sass.org.cn　E-mail:sassp@sassp.cn
排　　版：南京展望文化发展有限公司
印　　刷：上海新文印刷厂有限公司
开　　本：720 毫米×1000 毫米　1/16
印　　张：10.5
字　　数：165 千
版　　次：2025 年 9 月第 1 版　2025 年 9 月第 1 次印刷

ISBN 978－7－5520－4815－5/C・242　定价：60.00 元